CB081136

Gênero, Educação, Trabalho e Mídia

COLEÇÃO CONHECIMENTO E VIDA

Coordenação

Diamantino Fernandes Trindade [1]

[1] Doutor em Educação pela PUC-SP; Professor de História da Ciência e Epistemologia da Ciência e do Ensino do Instituito Federal de Educação, Ciência e Tecnologia de São Paulo.

Dados Internacionais de Catalogação na Publicação (CIP)
(Câmara Brasileira do Livro, SP, Brasil)

Gênero, educação, trabalho e mídia / Tânia Suely Antonelli Marcelino Brabo (org.). -- São Paulo : Ícone, 2010. -- (Coleção conhecimento e vida / coordenação Diamantino Fernandes Trindade)

Vários autores.
Bibliografia.
ISBN 978-85-274-1069-4

1. Descriminação de gênero no trabalho 2. Desigualdade social 3. Mulheres - Condições sociais 4. Mulheres - Relações sociais 5. Mulheres - Trabalho 6. Mulheres na educação I. Brabo, Tânia Suely Antonelli Marcelino. II. Trindade, Diamantino Fernandes. III. Série.

09-10217 CDD-305.42

Índices para catálogo sistemático:

1. Mulheres : Desigualdade de gênero : Sociologia 305.42

Tânia Suely Antonelli Marcelino Brabo (org.)

Ana Yara Paulino
Claudia Pereira Vianna
Dulce A. Adorno-Silva
Eva Alterman Blay
Iara Beleli
Maria Aparecida de Moraes Silva
Maria de Fátima Araújo
Marlene de Figueiredo Avelar
Mary da Silva Profeta
Renata Biagioni

Gênero, Educação, Trabalho e Mídia

COLEÇÃO CONHECIMENTO E VIDA

Coordenação

Diamantino Fernandes Trindade

Ícone editora

© Copyright 2010,
Ícone Editora Ltda.

Projeto Gráfico da Capa: Richard Veiga

Diagramação: Spress Fotolito

Revisão: Rosa Maria Cury Cardoso

Proibida a reprodução total ou parcial desta obra, de qualquer forma ou meio eletrônico, mecânico, inclusive através de processos xerográficos, sem permissão expressa do editor (Lei nº 9.610/98).

Todos os direitos reservados pela:
ÍCONE EDITORA LTDA.
Rua Anhanguera, 56 – Barra Funda
CEP 01135-000 – São Paulo – SP
Tel./Fax.: (11) 3392-7771
www.iconeeditora.com.br
e-mail: iconevendas@iconeeditora.com.br

Índice

Introdução

Tânia Suely Antonelli Marcelino Brabo [2]

O Núcleo de Direitos Humanos e Cidadania de Marília (NUDHUC), sediado e coordenado pela Faculdade de Filosofia e Ciências da UNESP/Campus de Marília, tem organizado anualmente as atividades relativas ao Dia Internacional da Mulher no âmbito da Universidade, desde o ano de 1998. Ao longo dos seus treze anos de existência, o NUDHUC tem coordenado esse evento, que foram constituídos em Semanas da Mulher, aliando atividades acadêmicas, culturais e de extensão universitária com o objetivo de promover reflexão crítica, divul-

[2] Pedagoga pela Faculdade de Filosofia e Ciências pela UNESP — Campus Marília; Mestra em Educação pela UNESP — Campus Marília; Doutora em Sociologia pela Faculdade de Filosofia, Letras e Ciências Humanas — USP; Pós-doutora pela Universidade do Minho, Braga, Portugal; Investigadora visitante no Instituto de Ciências Sociais-Universidade de Lisboa, Portugal; Docente do Departamento de Administração e Supervisão Escolar da Faculdade de Filosofia e Ciências da UNESP — Campus Marília; Vice-Coordenadora no Núcleo de Direitos Humanos e Cidadania de Marília; Conselheira do Núcleo de Estudos da Mulher e Relações Sociais de Gênero — NEMGE — USP.

gar resultados de pesquisas e aprofundar os estudos científicos sobre a problemática da mulher e sobre relações sociais de gênero.

Em 200 de 13 a 16 de março, no Anfiteatro I da UNESP, a V Semana da Mulher versou sobre "Mulher e relações de poder no Século XXI", cujos textos das falas das importantes expositoras que participaram do evento, organizamos nesse livro. A abertura do evento foi feita pelo Prof. Dr. Tullo Vigevani, diretor da Unidade e pela Profa. Dra. Maria Amélia Máximo de Araújo, Pró-Reitora de Extensão Universitária.

O texto inicial apresenta as considerações de Eva Alterman Blay sobre "Democracia, Direitos da Mulher e Movimento Feminista" relembrando o percurso das mulheres na História da humanidade, na luta por seus direitos. Mostra o quanto o movimento feminista contribuiu para as mudanças que hoje vivemos bem como os desafios para a real igualdade das mulheres na sociedade brasileira.

Na sequência, Ana Yara Paulino, Fátima Araújo e Renata Biagioni discorreram sobre mulheres e relações de gênero, apontando o problema das relações de poder no trabalho e o da violência, seja no âmbito familiar, no mercado de trabalho ou num presídio feminino.

Mostrando uma das formas sutis da discriminação da mulher, através da mídia, Iara Beleli, Dulce Adorno e Marlene Avelar discorrem sobre o poder simbólico através do cinema, das propagandas e das novelas mostrando que os meios de comunicação reforçam os papéis tradicionais das mulheres e podem se constituir em meios educativos para a igualdade de gênero. Apresentamos, além do mais, uma reflexão acerca do papel dos movimentos feministas na luta pelos direitos das mulheres e os encontros e desencontros do movimento feminista brasileiro com a mídia.

Finalizando as considerações, mas pretendendo iniciar debates acerca do importante papel da educação para a emancipação e transformação da realidade que ainda discrimina as mulheres, Cláudia Pereira Vianna, Maria Aparecida Morais e Mary Profeta abordaram "Educação, mulher e relações de gênero", apontando o papel da escola e da mulher educadora bem como a necessidade de garantir o direito à educação de qualidade para a mulher com deficiência.

Além de abordar estudos que foram realizados nos diferentes âmbitos, pretendemos mostrar o papel da educação para a transformação das relações de poder que ainda na atualidade são desiguais para as mulheres. Além de promover o debate teórico, as falas das expositoras mostraram como a prática pedagógica, seja na educação formal ou informal, pode promover relações sociais de gênero igualitárias.

Mulheres e Relações no Poder no Século XXI

Democracia, direitos das mulheres e feminismos

Eva Alterman Blay [3]

Quero trazer hoje uma discussão sobre a democracia, os direitos das mulheres e sobre feminismo, no plural.

Acho importante recuperarmos a questão da democracia. O que é Democracia? Qual é a base da Democracia? Estávamos falando e ouvindo o Prof. Tullo [4] falar da igualdade de direitos e deveres, o fato é que somos todos iguais; mas somos todos iguais? Nós sabemos e muito bem que não somos todos iguais e que somos, aliás, bastante diferentes, do ponto de vista da estrutura da sociedade. Ele colocou e muito bem a questão das diferenças, ela existe, é utilizada no caso

3 Professora Titular da Faculdade de Filosofia, Letras e Ciências Humanas da Universidade de São Paulo, Coordenadora Científica do Núcleo de Estudos da Mulher e Relações Sociais de Gênero-NEMGE-USP. Foi assessora da ONU para assuntos relacionadas à mulher. Foi Senadora da República.

4 Referência à exposição de abertura do evento, Prof. Dr. Tullo Vigevani, diretor da Faculdade de Filosofia e Ciências, UNESP, Campus de Marília.

de relação homens e mulheres, no sentido de uma diferença que leva à subordinação, uns superiores aos outros, uns que podem dominar os outros, sobretudo do ponto de vista étnico, negros subordinados aos brancos. Do ponto de vista de gênero, as mulheres subordinadas aos homens.

Há certas situações históricas em que as diferenças constroem uma relação hierárquica entre uns e outros. Quando estou falando em hierarquia, estou falando em poder legitimado na construção da sociedade; não é que seja justo mas é legitimado. Sendo uma construção da própria sociedade, ele pode ser desestruturado; então se existe subordinação, se é criada uma subordinação dos negros em relação aos brancos e das mulheres em relação aos homens, se isto foi construído, nós podemos desconstruir essa subordinação. O Movimento Feminista procura ao longo do tempo exatamente isto.

Quero contar uma historinha para vocês, alguém ouviu falar em Olympe de Gouges ? Pois é um pouco da nossa história mesmo, ninguém ouviu falar? Ela disse o mesmo que estamos discutindo, que as mulheres nasceram livres e que seus direitos são iguais aos dos homens, se as mulheres têm o *direito* de ir para a guilhotina, elas também têm o *direito* de ir para o Parlamento. Olympe foi uma lutadora da Revolução Francesa, lutou pela liberdade, igualdade e fraternidade, junto com seus companheiros, só que logo em 1789, quando venceu a Revolução, o que se fez? A Declaração Universal dos Direitos do Homem e do Cidadão e aí ela, intelectual, escritora, perguntou, com várias outras: E nós mulheres onde ficamos? Aqueles que tinham sido seus companheiros de luta e que já estavam realmente a dominar o poder, o que fizeram? Imagino o diálogo: "Olha, você tem que ficar na sua, não tem nada que ficar reclamando, nós somos os vencedores e você a vencedora" . Ela responderia: "Ora, eu não sou vencedora, porque eu não estou incluída nesta declaração que vocês fizeram". Olympe lutava pela cidadania feminina, que para ela significava que nós, as mulheres, tínhamos que ter também uma Declaração, assim, ela escreveu e publicou na época a "Declaração dos Direitos da Mulher e da Cidadã".

Com isso o que aconteceu? Ela passou a ser perseguida. Na sua Declaração, na Carta que ela fez, disse o seguinte: "que a mulher era companheira do homem". Vocês já ouviram falar disso ? Não no nosso passado, estamos falando no nosso presente porque sempre que a gente analisa a participação das mulheres no orçamento doméstico, que o que ela ganha é visto como "ajuda", mas "ela é que ganha", nós somos pessoas que *compartilhamos* com o companheiro tudo. Mas eu estou falando de duzentos anos, há duzentos anos Olympe já colocava esta relação compartilhada. Não estava sozinha, é claro, havia um grupo que tinha essa mentalidade, estas propostas que nós fazemos no século XXI, como proposta dos Movimentos Feministas, são propostas que estão vindo a duzentos anos e que não se concretizaram inteiramente.

Olympe dizia também o seguinte: "que os filhos tidos fora do casamento tinham de ser reconhecidos, não importava se eram filhos legítimos ou ilegítimos, os filhos tinham *direito* de serem reconhecidos: isso nós conseguimos na Lei brasileira há bem pouco tempo! Mas há duzentos anos atrás ela já estava dizendo": Olha, se as mulheres são obrigadas a serem monógamas, os homens também têm que ser monógamos, nada de ter várias mulheres e deixar de reconhecer quando têm filhos fora do casamento.

Então vocês estão vendo que vivemos o desenrolar de um processo no qual há uma espécie de continuidade, nossas reivindicações levam muito tempo para serem concretizadas. Saímos à rua, fazemos passeatas e, depois de longo tempo, conseguimos.

Lembrando o que foi falado a respeito da extinção brutal das diferenças étnicas, da diversidade, acho que quem a patrocinou foi o Estado quando instala a perseguição à diversidade social. Logo depois da Revolução Russa iniciam-se grandes mudanças, respeitam-se homens e mulheres, as diferenças étnicas, a Cultura Judaica, a Cultura Ucraniana, as várias culturas da União Soviética. O casamento praticamente é substituído pela união livre mas dois, três anos depois estas mudanças começam a se desmoronar e se iniciam as perseguições. A entrada de Stalin, nesse sentido foi fatal, pela perseguição aos grupos étnicos, pelo retorno à subordinação da mulher. Eu me lembro de ter visto em Moscou mulheres idosas varrendo a rua com vassouras feita de galhos de árvore, o que realmente era muito penoso. A tecnologia não chegou a elas.

Tudo isso que relembro é para mostrar para vocês que a transformação começa por uma coisa muito pequena, por exemplo: há trinta, trinta e poucos anos atrás, vocês não viam um homem de qualquer idade sair na rua com uma criança, empurrar um carrinho, trocar fralda, isso era tarefa das mulheres. Quero dizer que hoje é maravilhoso, já observamos mudanças. Você sai à rua, você vê criança carregada no peito do pai, a criancinha aconchegada no seu colo, a gente pode comparar, o pai passa a ter até um prazer de ter esse contato físico com os filhos. Isso foi uma conquista das mulheres, no momento em que elas disseram: "nós não queremos o monopólio do carinho". Só que levou mais de trinta anos para que isto acontecesse e olha eu estou dando um exemplo banal.

Eu me lembro quando estava fazendo assessoria na Turquia, não faz muito tempo. E, vocês sabem, é um lugar que tem uma *democracia parcial*, então, um homem que sempre me acompanhava, começou a me perguntar o que eu estava fazendo lá e eu fui explicando essa questão da relação entre a mulher e o homem. Lá há muitas mulheres que são empresárias da alta burguesia, mas também outras que são muito subordinadas. Expliquei para ele que eu estava lá para ajudar nos currículos das Universidades, para a igualdade entre homens e mulheres. E ele falou: "Ah muito bom mesmo" . Aí eu perguntei: "O que faz sua mulher?". Ele respondeu: "Ah, ela é costureira". Contei que há muitas mulheres que trabalham e que sustentam a casa e os homens, hoje em dia, e que já compartilham com eles o cuidado dos filhos, como por exemplo: levar as crianças com carrinho ao jardim para passear. Ele me olhou quase desmaiando "Homem empurrar carrinho de criança? Isso não!" Era uma coisa insuportável para aquela mentalidade, eu não estou dizendo que aqui no Brasil nós ultrapassamos tudo porque a gente ainda encontra, infelizmente, exemplos muito graves na nossa sociedade.

Mas voltando a Gourges, ela também, junto com o grupo de mulheres, estava reivindicando a paternidade dos filhos tidos fora do casamento e isto nós só conseguimos há pouco tempo. Ela pagou com a própria vida de tanto que insistiu; nunca voltou atrás e, quatro anos depois, foi guilhotinada.

Então o que significam exatamente esses *direitos* que nós queremos analisar? Todos os jornalistas que me entrevistaram aqui hoje queriam saber por que as mulheres não participam da Política. Por que as mulheres brasileiras representam tão pouco do ponto de vista das mulheres eleitas? Outro me perguntou: nós temos mais líderes feministas, líderes do Governo, aí eu pedi para ele me mostrar quais eram, porque eu confesso que desconheço. Ele disse: "Ah, tem a ministra Dilma Roussef", ótima ministra, mas daí a ser líder tem uma pequena distância. Ele lembrou ainda da Marina da Silva, acho que ela tem uma trajetória de liderança, mas aí tem a Roseane Sarney, da família Sarney. Há várias que, na verdade, são pessoas ligadas a seu grupo familiar, não que elas sejam incompetentes, mas elas têm acesso à Política, através do conhecimento político que elas bebem junto com o leite. Nós, mulheres e homens da sociedade, não sabemos como é que se entra na Política. Se eu perguntar a qualquer um de vocês, sabe como é que se entra num Partido político? Quem vai me responder, como é que a gente entra num Partido Político? (respostas) "Para trabalhar", "para participar". Certo, mas tem alguma coisa antes não é mesmo? "Acreditar no Partido?" Tudo bem, isto é o plano ideológico, mas como é que se ***entra*** no Partido Político? Eu acredito na Política, posso até acreditar no Partido, no entanto, eu quero saber concretamente o que é que se faz para entrar num Partido político. A primeira coisa que a gente tem que saber é onde fica o Diretório do seu bairro, não pode entrar em qualquer lugar, você não pode preencher a ficha de filiação em qualquer lugar, você vai preencher a ficha no Diretório de onde você mora. Mas aquele que domina, que tem o controle daquele Diretório, deixa você entrar? Essa é a grande interrogação; então veja, nós, população, especialmente as mulheres desconhecemos o mecanismo, mais básico da política. "Ah o básico é acreditar", mas eu acredito, como? Como é que eu vou fazer para me filiar? Esse é o primeiro ponto e as pessoas dizem: "Mas tem Leis de Cotas". Na realidade, nem os Partidos Políticos sabem o que é a Lei de Cotas e os que sabem aproveitam, por quê? A Lei de Cotas tem a seguinte peculiaridade, é o Partido que tem que dar uma cota de trinta por cento para as mulheres para serem **candidatas** às legendas, não para serem eleitas. O que é legenda? Legenda é o direito de você estar inscrita como candidata, então tem todo um trâmite depois do Diretório. Digamos que você já tem a legenda, hoje temos os trinta por cento, mas se os Partidos não preencherem os trinta por cento, não acontece nada, a Lei não prevê punição nenhuma.

Então, o que quis retratar é que os caminhos para entrar na Política são mais ou menos escondidos, como se uma nuvem estivesse passando sobre todo esse mecanismo. Não é por acaso, é deliberado, é para controlar exatamente quem entra, quem vota dentro do Partido, quem é que vai ser candidata e aí é outro pedaço dessa história. Nós temos muito mais dificuldade para compreender esse mecanismo porque nós não fazemos uma coisa que é muito habitual na sociedade brasileira, que é você ir num bar tomar cerveja, fazer uma rodinha de conversa e por aí é que as informações vão passando. Esses são os caminhos, ou pelo lado familiar ou por uma rodinha de amigos, amigos que têm interesse de que você entre e aí, como alguém falou aqui, de fato você pode ser convidada, mas o que ocorreu antes de você ser convidada? Como nós não temos esse hábito, o hábito do Clube do Bolinha, a gente realmente tem que lutar dez vezes mais para descobrir como funciona isso.

Bom, aqui no Brasil a porcentagem de mulheres não tem crescido, tem até decrescido. No Senado, hoje, excepcionalmente, temos nove por cento de mulheres, em oitenta e um Senadores, nove por cento de mulheres, na Câmara Federal, São Paulo só tem uma Deputada Federal. Na Assembleia Legislativa a mesma coisa, cinco por cento e no município mais ou menos a mesma coisa[5]. Fiz uma pesquisa há alguns anos e

5 Segundo dados do ano de 2006.

tenho acompanhado a atuação das eleitas e verifico o seguinte: mulheres Prefeitas, mulheres Vereadoras, são mais numerosas no Norte e no Nordeste. É muito interessante isso porque quem imaginaria que iríamos ter pouquíssimas Prefeitas no Sul e Sudeste e ter muitas no Norte e no Nordeste. Ao constatar isso, eu fiz um estudo para ver o que acontece e observei que realmente essas mulheres se legitimam perante a população e essa legitimação se dá através de um contato direto das filiadas e da população com elas, principalmente com as prefeitas. Constatei, por exemplo, que a pessoa é dona de um cartório, então ela ajuda as pessoas dando informações de como tirar um documento ou se ela é ligada a um Posto de Saúde e é muito generosa. Ela é generosa no sentido de não ter limite de horário, de ter sempre cumprido muito mais do que a obrigação dela, então ela se legitima.

É como o caso de uma Prefeita que eu entrevistei e recentemente morreu, na cidade de Areias. Ela me contou que tinha sido eleita porque havia muita distribuição de pílula anticoncepcional e *Dius* para evitar a gravidez, mas depois nenhum médico voltava para ver se ainda estava bem colocado, se a paciente tinha alguma inflamação e se estava tudo em ordem, quer dizer as mulheres estavam ficando com câncer e morrendo. Então, foram a casa dela pedir que ela se candidatasse para impedir a distribuição do *Diu*. Então observamos que são coisas cotidianas e de fundamental importância que levam as mulheres a se sobressaírem e a serem legitimadas pela população.

Finalizando, queria destacar que os movimentos feministas conseguiram grandes avanços para a vida das mulheres, principalmente do ponto de vista legal; entretanto, ainda há um longo caminho a percorrer para a efetivação de uma vida digna para todas as mulheres. Sem dúvida, buscar os fatores que dificultam a igualdade de direitos é essencial, como este evento pretende discutir. A mídia e a educação são fundamentais para uma sociedade brasileira mais humana e justa.

Mulheres e Relações de Gênero: Trabalho e Violência

Violência contra a mulher: retomando algumas questões do antigo debate [6]

Maria de Fátima Araújo [7]

O problema

A violência contra a mulher continua sendo um grave problema social no Brasil e no mundo, apesar da luta feminista em torno da questão. Desde os anos 90, a Organização Mundial de Saúde reconhece a violência contra a mulher como um problema de saúde pública que exige dos governantes políticas públicas mais eficientes no combate e prevenção do fenômeno. Além de causar sofrimento físico e psíquico à mulher, esse tipo de violência é também uma violação dos direitos humanos.

---

6 Trabalho apresentado na *V Semana da Mulher* promovida pelo Núcleo de Direitos Humanos e Cidadania de Marília/NUDHUC/UNESP

7 Docente da UNESP/Campus de Assis.

O conceito

O conceito violência contra a mulher é frequentemente utilizado como sinônimo de violência doméstica e violência de gênero. Mas apesar da sobreposição existente entre esses conceitos, há especificidades no uso dos mesmos como categorias analíticas.

O termo violência contra a mulher, hoje bastante difundido no Brasil, passou a fazer parte do senso comum a partir das mobilizações feministas contra o assassinato de mulheres no final dos anos 70 (GROSSI, 1998). No início dos anos 80 tais mobilizações se ampliaram para denúncia dos espancamentos e maus tratos conjugais. Resultaram dessa luta a criação de serviços de atendimento a mulheres vítimas de violência, a criação dos Grupos SOS Mulher e as Delegacias de Defesa da Mulher. Com isso o termo violência contra a mulher passou a ser usado como sinônimo de violência doméstica em função da grande incidência deste tipo de violência ocorrer no espaço doméstico, conjugal e/ou familiar (AZEVEDO, 1985).

A partir dos anos 90, com o desenvolvimento dos estudos de gênero, alguns autores passaram a utilizar violência de gênero como um conceito mais amplo que violência contra a mulher (SAFFIOTI & ALMEIDA,1995). Este conceito abrange não apenas as mulheres, mas também crianças e adolescentes, objeto da violência masculina, que no Brasil é constitutiva das relações de gênero. Nos meus estudos sobre violência conjugal eu o utilizo para designar as diferentes formas de violência praticadas nas relações de gênero envolvendo posições de poder, como a violência perpetrada pelo homem contra a mulher, a violência praticada pela mulher contra os homem, a violência entre mulheres e violência entre homens. Nesse sentido considero a violência contra a mulher como uma das formas de violência de gênero.

Causas e compreensão do problema

A violência de gênero produz-se e reproduz-se nas relações de poder onde se entrelaçam as categorias de gênero, classe e raça/etnia. Expressa uma forma particular de violência global mediatizada pela ordem patriarcal que delega aos homens o direito de dominar e controlar suas mulheres, podendo para isso usar a violência. Dentro dessa ótica, a ordem patriarcal é vista como um fator preponderante na produção da violência de gênero, uma vez que está na base das representações de gênero que legitimam a dominação masculina internalizada por homens e mulheres.

A dominação masculina, segundo Bourdieu (1999), exerce uma "dominação simbólica" sobre todo o tecido social, corpos e mentes, discursos e práticas sociais e institucionais; (des) historiciza diferenças e naturaliza desigualdades entre homens e mulheres. Para Bourdieu a dominação masculina estrutura a percepção e a organização concreta e simbólica de toda a vida social.

Essa perspectiva teórica que vincula a opressão das mulheres ao sistema patriarcal foi, durante muito tempo, utilizada pelas feministas na análise da relação dominação-submissão feminina, mas atualmente é criticada pelos estudos de gênero por sua tendência universalizante. A dominação masculina não pode ser vista como algo fechado que se reproduz de modo idêntico. Há variações na forma como o poder patriarcal se institui e se legitima, assim como nas formas de resistência que as mulheres desenvolvem nos diferentes contextos.

Nesse sentido, gênero é uma categoria mais ampla que patriarcado para compreender as relações de poder e violência. A perspectiva de gênero desenvolvida por autoras feministas como Joan Scott (1995), Tereza de Lauretis (1987) e Judith Butler (2003) aponta um outro ângulo analítico para pensarmos a violência de gênero, não só sob a ótica da dominação masculina mas também para além dela.

Scott (1995) define gênero a partir de três principais características: dimensão relacional, construção social da diferença entre os sexos e campo primordial onde o poder se articula. Ela historiciza o conceito e propõe o seu uso como categoria analítica e instrumento metodológico para entender como, ao longo da história, se produziram e legitimaram as construções de saber/poder sobre a diferença sexual. A relação entre gênero e poder é uma questão central na conceituação de Scott. Para entendê-la ela recorre à noção de poder do Foucault (1981), como um poder *in fluxo* (nem fixo nem localizado numa pessoa ou instituição) que se organiza segundo o "campo de forças". Sob esta ótica é possível "desconstruir" verdades universais presentes nas hierarquias e desigualdades de gênero baseadas na diferença biológica.

Este novo ângulo de análise questiona a universalidade das categorias homem e mulher, associadas a construções binárias que associam poder e dominação ao masculino e obediência e submissão ao feminino. Se o gênero é relacional não se pode admitir, no contexto das relações de gênero, um poder masculino absoluto. As mulheres também detêm parcelas de poder, embora desiguais e nem sempre suficientes para sustar a dominação ou a violência que sofrem. Desta forma, é possível pensarmos na possibilidade de diferentes processos de subjetivação e singularização vivenciados por homens e mulheres.

Como diz Scott (1995), os homens e as mulheres reais nem sempre cumprem rigorosamente as prescrições de sua sociedade ou de suas categorias analíticas. Por isso é preciso examinar as formas pelas quais as identidades generificadas são construídas e relacionar seus achados com toda uma série de atividades, organizações e representações sociais historicamente específicas.

No caso da violência contra a mulher ou violência de gênero, pode-se dizer que embora a dominação masculina seja um privilégio que a sociedade patriarcal concede aos homens, nem todos a utilizam da mesma maneira, assim como nem todas as mulheres se submetem igualmente a essa dominação. Se o poder se articula segundo o "campo de forças" e se homens e mulheres detêm parcelas de poder, embora de forma desigual, cada um lança mão das suas estratégias de poder, dominação e submissão.

Portanto, pode-se dizer que a violência contra a mulher não é um fenômeno único e não acontece da mesma forma nos diferentes contextos; ela tem aspectos semelhantes mas também diversos em função da singularidade dos sujeitos envolvidos. Apesar da presença comum do fator predominante – a desigualdade de poder nas relações de gênero – cada situação tem uma dinâmica própria, relacionada com os contextos específicos e as histórias de vida de seus protagonistas. Por isso, na análise e compreensão da violência contra a mulher é fundamental levar em conta esses aspectos universais e particulares de forma a apreender a diversidade do fenômeno.

As pesquisas

Segundo a Organização Pan-Americana da Saúde (OPAS), nos países do continente americano as estatísticas mostram que uma em cada três mulheres é vítima da violência. No mundo todo a maioria das pesquisas apontam para uma alta incidência da violência contra a mulher nas diferentes classes sociais, culturas e raças.

No entanto, sabe-se que a violência contra a mulher é difícil de ser medida em números. Quando se compara os dados das pesquisas encontramos porcentagens enganosas que revelam, por exemplo, um alto índice de violência em determinados países, quando, na verdade, os números significam apenas que existem melhores condições de registros naquele país, e não propriamente menor índice de violência. Além disso, as pesquisas variam muito em metodologias o que dificulta a comparação e uma visão geral da incidência do fenômeno na população.

No Brasil, as pesquisas existentes sobre violência contra a mulher, apesar de numerosas, são insuficientes para traçar um perfil real e global do fenômeno. Sabe-se que a dimensão do problema é muito maior que a violência denunciada ou detectada pelas pesquisas. Os inúmeros estudos realizados nos últimos trinta anos sobre a violência denunciada deram, sem dúvida, maior visibilidade à violência contra a mulher, mas é impossível afirmar com precisão se ela aumentou ou diminuiu.

A violência contra a mulher em Assis: alguns dados de pesquisa

Os dados levantados sobre a violência contra a mulher em Assis (ARAÚJO, MARTINS e SANTOS, 2004) confirmam a tendência presente em outras pesquisas.

As mulheres jovens, casadas e que não exercem nenhuma atividade remunerada são as mais atingidas pela violência (62% delas têm entre 21 e 40 anos e 57% são casadas). O trabalho remunerado aumenta potencialmente a margem de poder e negociação, mas a mudança na relação depende do posicionamento subjetivo da mulher. Há mulheres que ganham mais que seus maridos, sustentam a casa e, mesmo assim, continuam vítimas dos mais diferentes abusos físicos, psicológicos e/ou sexuais.

O espaço doméstico e familiar é, na grande maioria dos casos (60%), o lugar onde ocorrem as agressões e o agressor é alguém que mantém ou manteve com a vítima uma relação de proximidade e intimidade – marido, companheiro e/ou namorado (46% de relações atuais e 23% de relações passadas).

A violência física é a mais frequente ou pelo menos a mais denunciada (58% no total, 32% com lesão corporal). A violência psicológica aparece com 36% e a sexual com 6% dos casos pesquisados.

Os motivos da agressão são os mais variados. Em 69% dos casos resulta de discussões motivadas por ciúme, ameaça de separação, problemas de dinheiro, questões relacionadas aos filhos, etc. Alcoolismo, distúrbio mental e desemprego também aparecem como motivos, mas em menor incidência. O fator realmente preponderante é a relação de poder que o homem tem sobre a mulher e que lhe dá o direito de agredi-la por qualquer motivo.

Os dados levantados nesta pesquisa não só comprovam a gravidade e complexidade do fenômeno da violência contra a mulher como também apontam para a diversidade de estratégias que as mulheres utilizam para lidar com a violência. Algumas delas reagem à agressão que sofrem, denunciam seus agressores e buscam ajuda para sair da relação abusiva em que vivem. Outras se submetem passivamente e vivem anos e anos sob violência na esperança de que um dia o companheiro mude. O problema é que, com o tempo, a violência se banaliza e passa a ser vista como natural. A exposição continuada à situação de violência anula a autoestima e a capacidade de pensar e reagir. E a esperança de mudança vai dando lugar ao conformismo...

Por que essas mulheres permanecem na relação abusiva?

A ideologia de gênero é um dos principais fatores que levam as mulheres a permanecerem em uma relação abusiva. Muitas delas internalizam a dominação masculina como algo natural e não conseguem romper com a situação de violência e opressão em que vivem.

Além da ideologia de gênero outros motivos também são frequentes tais como: a dependência emocional e econômica, a valorização da família, a idealização do amor e do casamento, a preocupação com os filhos, o medo da perda e do desamparo diante da necessidade de enfrentar a vida sozinha, principalmente quando não conta com nenhum apoio social e familiar.

Algumas mulheres relutam em denunciar seus agressores por receio de que a violência aumente, uma vez que, com bastante frequência, a impunidade prevalece mesmo após a denúncia. A violência contra a mulher é considerada um crime de "menor potencial ofensivo" e como tal está sujeita a penalidades que não ultrapassam um ano de detenção. Desde 1995, com a Lei 9.099, o julgamento de tais crimes foi transferido para os Juizados Especiais com o objetivo de agilizar a punição dos agressores e dar maior proteção à mulher. No entanto, isso não aconteceu. O que houve foi uma flexibilização da responsabilização do agressor com adoção de penas alternativas, que, muitas vezes, restringe-se à doação de uma cesta básica para uma instituição de caridade. Desta forma, na grande maioria dos casos, a denúncia resulta apenas em um pequeno constrangimento para o agressor que, após o julgamento, volta para casa com a vítima e continua reproduzindo o comportamento abusivo. Contraditoriamente, essa lei acabou contribuindo para a impunidade e banalização da violência contra a mulher, inclusive desestimulando a denúncia. Agora com a Lei Maria da Penha (Lei 11.340), sancionada em agosto de 2006, que estabelece procedimentos mais rigorosos para "coibir a violência doméstica e familiar contra a mulher" espera-se que muitas questões relacionadas com a impunidade dos agressores sejam resolvidas. No momento ainda não há dados para avaliar.

Sabemos que muitas mulheres denunciam seus companheiros apenas para intimidá-lo, depois retiram a queixa e não levam adiante o processo que poderia resultar em uma punição. Mas mesmo assim, é importante fazer a denúncia. Ela é um momento de ruptura onde a mulher admite que sofre violência e precisa de ajuda. Por isso é fundamental que a vítima tenha um bom acolhimento por ocasião da denúncia e seja orientada sobre seus direitos e sobre a necessidade de buscar apoio social, familiar, jurídico e psicológico para enfrentar o problema.

Referências Bibliográficas

ARAÚJO, M.F. **Atendimento a mulheres e famílias vítimas de violência doméstica**.

PERFIL, n.9, pp.7-17, 1996.

ARAÚJO, M.F; MARTINS, E.J.S. e SANTOS, A.L. Violência de Gênero e Violência Contra a Mulher. In: Araújo, M.F. & Mattioli, O. (orgs.). **Gênero e Violência**. São Paulo: Arte & Ciência, 2004.

AZEVEDO, M.A. **Mulheres espancadas**: a violência denunciada, Rio de Janeiro: Cortez, 1985.

BOURDIEU, P. **A dominação masculina**. Rio de Janeiro: Bertrand Brasil, 1999.

BUTLER, J. **Problemas de gênero**: feminismo como subversão da identidade. Rio de Janeiro: Civilização Brasileira, 2003.

FOUCAULT, M. **Microfísica do poder**. Rio de Janeiro: Graal, 1981.

GROSSI, M.P. Rimando Amor e Dor: reflexões sobre violência no vínculo afetivo-conjugal. In: Pedro, J.M. e Grossi, M.P. (orgs.). **Masculino, Feminino, Plural.** Ilha de Santa Catarina: Mulheres, 1998.

LAURETIS, T. Technology of gender. In: Lauretis, T. **Technologies of Gender**. Bloomington/Indianapolis: Indiana University Press, 1987.

SAFFIOTI, H.I.B. e ALMEIDA, S.S. **Violência e Gênero**: poder e impotência. Rio de Janeiro: Revinter, 1995.

Gênero, Trabalho e Violência

Ana Yara Paulino [8]

É com enorme prazer que volto a esta casa que eu gosto muito. Comecei a minha carreira como Professora Universitária aqui, e poder rever os antigos colegas, os antigos alunos que agora são meus colegas também, e os próprios componentes da mesa que conheci hoje. Acho interessante que a gente tem aqui diferentes profissões, e estranhei muito quando disseram: "Olha é um Tenente o coordenador da mesa, mas esta surpresa... eu fiquei surpresa no primeiro momento". Mas são as surpresas que fazem do nosso trabalho multidisciplinar, uma forma de falar de todas nós nos diferentes olhares, enfrentando todas as questões que estão colocadas pela sociedade.

Para falar sobre Mulher e Relações de Gênero: trabalho e violência, eu pensei no tema principal da quinta Semana da Mulher: "Mulher e Relações de Poder no Século XXI", então, eu acho que

8 Socióloga, mestra em Ciência Política pela USP e doutoranda em História Social pela PUC-SP, pesquisadora e formadora do DIEESE.

tem umas cinco expressões da palavra chave que a gente teria que se debruçar um pouquinho, uma é essa questão de mulher, relações de poder, relações de gênero, violência e violência no trabalho.

Sobre mulher, então surge uma pergunta de todas nós que somos companheiras: O que é para nós, sermos mulheres? A gente se pergunta em primeiro lugar e em segundo lugar: Quem são as mulheres? Porque nós temos uma vida pessoal, uma vida profissional, nós temos horas aqui na mente e cada uma de nós temos uma história. Agora, se olharmos as outras mulheres, e os homens nos olham como outras mulheres, aí vêm os cruzamentos de todas as nossas ideias, de tudo que a gente constrói para a sociedade. Se nós estamos pensando sobre o que é ser mulher, eu gostaria de propor também as duas simples perguntas em relação dos homens, então o que é ser homem? Como cada um de vocês homens que estão aqui conosco nesta semana se veem? Quais as suas trajetórias, quais suas experiências de gênero? E quem são os homens que nós vimos, temos que perguntar também o que nós vimos no nosso companheiro do lado, de quem nos escuta ou de quem está lá fora.

A primeira questão que se coloca é que tudo que a gente faz em relações de gênero, são ações pessoalmente construídas por nós homens e mulheres, no tempo e no espaço definido. Temos que considerar a questão da história e dos nossos determinantes culturais que mudam, mas que mudam muito devagar. Eu não vou me adentrar mais nas relações de gênero porque acho que vocês já ouviram bastante nas mesas anteriores e hoje vamos falar mais sobre a questão das relações de poder. Aí eu fui ler seu significado no dicionário de política, que diz o seguinte: é uma capacidade e possibilidades de produzir efeitos. Então vemos que envolve a capacidade de impressionar, de mudar a vontade, é a modificação do indivíduo ou grupo dotado de um mínimo de vontade própria. Diz também que o poder social não é uma coisa ou sua voz, é de novo uma relação entre pessoas, então nós temos aí a primeira expressão, de relações de gênero que significam relações e temos a segunda expressão nesta Semana, relações de poder, que também significa relação. Essa relação nesses dois critérios anteriores que vai necessitar de vontade e de capacidade de convencimento, quero dizer que quando você pressiona socialmente e quando você transforma a sociedade, então está exercendo também relações de poder.

A Violência, no dicionário está assim: que um tipo de violência é agressão física, de um indivíduo ou grupo contra outro indivíduo ou grupo ou também contra si mesmo, que tudo que é violência é sempre voluntário, é um ato de vontade e que tem sempre por finalidade destruir ou ofender e coagir. Quem tortura, fere ou mata, essa violência é exercida contra a vontade da vítima. A violência também pode ser direta quando atinge de maneira imediata o corpo de quem a sofre.

Existe também a violência indireta, que é quando ela opera através de alterações do ambiente físico. Podemos falar do nosso ambiente social, no ambiente rural no qual a vítima se encontra e aí esta relação de violência começa a ficar mais difícil de identificá-la com clareza e também combatê-la ferozmente. Esse tipo de violência engana um pouco e aí quando a gente que está pensando nas relações de trabalho, juntando com tudo o que foi discutido, podemos pensar como aparecem relações de poder, relações de gênero e violência no mercado de trabalho e aí estou pensando muito tanto na questão dos homens quanto na questão das mulheres.

Se fizermos um levantamento sobre isso podemos partir de qualquer documento como: uma cartilha, uma notícia de jornal, as estatísticas que a gente tem nos Censos, nos documentos do Ministério do Trabalho e em outros registros. Vou privilegiar aqui os dados do DIEESE -Departamento de Intersindical de Estatística e Estudos Sócio Econômico, que é a leitura do emprego e desemprego feito através de um convênio entre o DIEESE e o Seade, mais os convênios regionais. Através dessa análise pudemos constatar o que estava acontecendo em seis regiões metropolitanas.

Antes, é importante destacar que o DIEESE foi criado por um grupo de sindicalistas em mil novecentos e cinquenta e cinco e o que ele viria a fazer era uma intervenção na política salarial. A primeira proposta do DIEESE, quando ele veio a surgir, foi justamente em torno do índice de vida porque havia uma desconfiança de que os índices oficiais, que falavam do índice custo de vida não estavam computando efetivamente o custo de vida. Isso significava que no momento de se negociar salário, o índice de custo de vida oficial é que era colocado na mesa em termos de reajuste salarial, então, os trabalhadores queriam criar um índice próprio, justamente para acompanhar o que estava acontecendo em termos dessa corrosão que afetava sua vida. Assim, o DIEESE foi criado, completando em 2006, cinquenta anos, foi criado no nosso vai-e-vem entre a democracia e autoritarismo. O DIEESE, é uma Instituição para os trabalhadores e dirigida pelos trabalhadores, ela tem seu corpo técnico, surge pelo problema do desemprego. Ele era o antigo Departamento de Estatística do Estado de São Paulo e a proposta era se ter um acompanhamento, novamente do ponto de vista dos trabalhadores do emprego e do desemprego de uma forma mais sutil, mais próxima às características do mercado de trabalho no Brasil e também de outras economias em desenvolvimento e subdesenvolvidas. Isso porque ele tem tudo a ver com a questão do mercado de trabalho precário, dos horários de trabalho, das jornadas. A ideia é que quando se vê somente o emprego formal não se explica tudo que acontece no nosso mercado de trabalho.

Então eu vou falar um pouco da inserção das mulheres no mercado de trabalho, com dados consolidados de dois mil e cinco. A condição ocupacional feminina, decresce um pouco, isto acontece nas cinco regiões metropolitanas (São Paulo, Belo Horizonte, Recife, Salvador e Porto Alegre) excluindo o Distrito Federal, o que dá conta um pouco das diferenças regionais, inclusive no mercado de trabalho que também é diferente.

Observamos, ao analisar os dados, que temos uma população em idade ativa, considerando acima dos dez anos de idade, então todas as mulheres que estão trabalhando começaram por volta de dez anos de idade, ou menos, em cada região que eu mencionei. Quando falo economicamente ativa quero dizer que têm mais de dez anos dentro do nosso mercado de trabalho. Observamos assim que as pessoas começam a trabalhar mais cedo, inclusive antes do que é permitido pela lei, então, ficam na situação de trabalho ilegal, a não ser aqueles que começam aos catorze na condição de aprendiz e sabemos que também têm muitos adolescentes trabalhando na situação de aprendiz.

Podemos afirmar que, após análise dos dados resultantes da pesquisa mencionada, apesar de significarem mais de 42% da População Economicamente Ativa (PEA) do Brasil no início do século XXI, as mulheres continuam sendo discriminadas no mercado de trabalho: auferem rendimentos inferiores aos dos homens (em média 65% do que eles recebem), para o mesmo cargo e função; são preteridas nas promoções e as últimas a serem encaminhadas para atividades de qualificação profissional. Mais: ao serem selecionadas para uma vaga, mesmo tendo maior número de anos de escolaridade que seus companheiros masculinos, passam por critérios discriminatórios de cor, idade, peso, "boa aparência", e por perguntas de cunho pessoal, por exemplo, se têm filhos ou se pretendem tê-los. As mulheres negras sofrem duplamente essa discriminação: por serem mulheres e por serem de etnia negra.

Todas as situações citadas já seriam faces da violência contra elas/nós; mas também mais mulheres do que homens exercem ocupações consideradas precárias (tais como, empregadas domésticas e autônomas para público), e são as principais vítimas de assédio sexual e moral. Além disso, há uma relação estreita entre pobreza e chefia feminina das famílias; e as taxas de desemprego, entre as mulheres, alcançam patamares mais altos do que entre os homens.

Finalizando, queremos apontar que a questão das relações de gênero envolvem relações de poder e essa está presente em todos os âmbitos da sociedade, inclusive no mercado de trabalho. Essa relação pode envolver violência direta e indireta, que também pode ser apontada como a violência moral ou simbólica que envolve principalmente as mulheres.

Relações de Gênero e Violência: A Mulher Encarcerada

Renata Biagioni[9]

Trabalho em Marília numa área muito específica. Sou Juíza de execução criminal, então eu trabalho com decisões já tramitadas, com condenações e aí eu escolhi dentro do nosso tema da mesa redonda: "Trabalho e violência", e optei justamente em falar de minha experiência como juíza de execução, dentro de um micro Universo em que a descriminação é maior ainda, que é o caso da mulher encarcerada. Aqui em Marília tenho a Cadeia Pública de Vera Cruz; nós contamos hoje com uma população carcerária de noventa presas e é muito interessante que dividi da seguinte forma: a parte da violência, coloquei como a mulher ingressa nesse Universo da criminalidade e a parte do trabalho, do trabalho que elas desenvolvem dentro das Unidades prisionais, e mais no fim coloquei situações que no decorrer desses sete anos de magistratura acabei apurando nas Comarcas por onde passei e

9 Juíza de Direito da Comarca de Marília-SP.

atuei nas Cadeias Públicas femininas, porque ainda não tive o prazer de trabalhar junto aos Sistemas Prisionais da Secretaria de Administração Penitenciária, pois sempre trabalhei com Cadeias Públicas.

Então no primeiro momento trazendo o item violência: como é que mulher ingressa no mundo do crime? A mulher diferentemente do homem não tem, dentro da maior idade, grandes passagens por Unidades da Febem. Os homens geralmente passam; eles têm a tendência violência, à prática de infrações na infância e vão recuperar depois na maior idade; a mulher não tem essa característica. Temos dados do senso penitenciário que 87% das mulheres que estão presas, não têm passagem por Unidade da Febem, então o que a gente verifica? Que a mulher começa a delinquir em razão da situação social e familiar em que ela se encontra. Se formos ver hoje, o que acontece: Cinqüenta por cento das mulheres encarceradas é decorrente do trafico de entorpecentes. E por que a pratica do tráfico de entorpecentes? Porque em vias de regra os companheiros já estão encarcerados e elas estão em casa cuidando da família e dos filhos, e não têm meios de subsistência e partem para a vida das drogas. Esta é uma das formas que elas acabam partindo para o crime; a outra forma, é a situação da maior parte das nossas presas de Vera Cruz que acabam sendo obrigadas a levar drogas para os companheiros nas Unidades Prisionais, que normalmente já está encarcerado e elas são obrigadas a entrar nesse Universo, por pressões do companheiro, que muitas vezes também sofre pressões dentro da própria Unidade, em razão, ao que infelizmente hoje acontece com relação à facções criminosas, do crime organizado do País.

Então, observamos que 50% das mulheres hoje estão presas em razão do tráfico de entorpecentes, enquanto 60% dos homens estão presos em razão de delitos patrimoniais, roubos, latrocínios e furtos. A maior parte das mulheres, não voltam a delinquir, elas cumprem realmente a pena dentro do Universo que a gente tem hoje. Também em dados Penitenciários 65% das mulheres são primárias, e o índice de reincidência é de 35%, enquanto o homem é de 42%; as mulheres têm esse deslize e se ressocializam. Partindo para outro item, o do trabalho, diferentemente dos dados que a Ana Iara do geral da participação de homens e mulheres, no Sistema Carcerário acaba acontecendo exatamente o inverso, porque normalmente a mulher presa tem uma melhor formação educacional em relação ao homem, e acaba tendo um mercado de trabalho, digamos assim, dentro das prisões, melhor do que dos homens. O que acaba acontecendo é que essa qualificação, da grande instrução, nós temos também os dados, apenas 28% das mulheres carcerárias não estão trabalhando, enquanto os homens na maior parte executam trabalhos manuais, as mulheres trabalham normalmente para as firmas e têm uma remuneração melhor do que a dos homens; então nós temos os dados: 60% das presas recebem de R$ 120,00 (cento e vinte reais) a R$ 200,00 (duzentos reais). Segundo o censo de dois mil e cinco, na maior parte, elas trabalham mais horas que os homens; a jornada da mulher presa, 80% delas trabalham sete dias da semana e elas têm também esses horários não remunerados, e nesse universo delas é bem ao inverso do masculino mesmo, porque a mulher carcerária, a gente percebe no dia a dia que ela não perde a feminilidade, ela faz seu trabalho, mas se você for em qualquer Cadeia Pública, em qualquer horário, você vai ver que sempre vai ter uma lá arrumando o cabelo, a outra fazendo a unha, sem prejuízo do seu horário de trabalho que elas levam muito mais a sério do que os homens.

Em relação à remuneração que elas ganham, a metade dessa remuneração elas destinam à compra de produtos de sua higiene pessoal e a outra metade elas destinam às famílias, porque mesmo presa ela não perde esse vínculo com a família e a gente percebe também isso nos números dos dados da pesquisa com relação às visitas. Enquanto para os homens o número maior de visitas são as companheiras, das mulheres, ao contrário, os companheiros as abandonam e elas passam a receber visitas, a maior parte, dos filhos. Então, a mulher tem uma preocupação maior com a remuneração, metade do que elas ganham destinam à família.

Verifica-se, também, que elas justificam seus crimes em prol da própria prole, isto na venda de entorpecentes quando ela não tem outra forma de manter os filhos. Eu tenho outros dados em relação ao

Centro Penitenciário que mostram que a mulher presa está em torno dos trinta e dois anos, a maior parte delas são solteiras, e já tem filhos, uma média de dois filhos, sempre viveram em companhia dos filhos. Na questão do grau de escolaridade, normalmente, a mulher presa tem um grau de escolaridade maior e também fazem mais Cursos Profissionalizantes do que o homem dentro da prisão; elas procuram mais do que o homem por isso, e com relação a esses dados das visitas que é até assustador porque 40% das mulheres não recebem visitas, enquanto essa situação é praticamente nula em relação aos homens.

Finalizando, quero dizer que como Juíza participei de várias Comarcas e em muitas delas tive essa oportunidade de trabalhar em locais onde havia Cadeia Pública. Cada Unidade Prisional acaba apresentando uma característica própria, e até anotei que a Cadeia Pública de Itatinga, é uma cidade próxima a Botucatu, destinada não só aos presos da região como para adolescentes que praticavam ato infracional, então, o que acontece? Poucas mulheres estavam recolhidas lá, em torno de trinta, às vezes variava, e eram normalmente dez adolescentes que ficavam recolhidos. Como a Cadeia era muito pequena a gente acabava vendo assim, a mulher acabava adotando o papel de mãe para aqueles adolescentes que estavam recolhidos, as celas eram próximas e elas tinham esse contato com os adolescentes. Era uma cadeia que não tinha essa característica de trabalho, então elas acabavam assumindo esse papel de mãe com os adolescentes infratores que estavam lá. Aí tive uma experiência que foi na cidade de Indaiatuba, lá a cadeia pública feminina era muito maior, com aproximadamente cento e cinquenta presas, então, antes dela ser uma cadeia completamente feminina foi uma cadeia mista, assim, muitas presas acabavam por engravidar. Quando houve alteração da Lei de Execução Penal no tocante à construção de quartos para amamentação, para berçários, para que as presas pudessem ter esse contato com os filhos nos primeiros meses de vida, essa cadeia foi adaptada para isso em razão dela já ter sido mista, em razão desse grande número de crianças que foram geradas lá dentro. Ela tinha um setor que era muito bonito, muito bem estruturado, com berçário, lugar adequado para a amamentação e tudo mais.

Tive experiência também na Cadeia Pública de Taburá, cidade muito pequena, próximo à divisa do Paraná e nessa cidade a característica marcante era o trabalho artesanal que elas desenvolviam. Elas próprias criaram um sistema, montaram uma tabela e se submeteram à análise do Juiz da época para fins de remissão da pena; por meio dessa remissão são descontados dias de pena em função do trabalho. A Lei de Execução Penal, prevê expressamente essa possibilidade de redução da pena em função do trabalho artesanal, mas elas criaram através dessa tabela uma possibilidade objetiva, por exemplo: um tapete tanto de diâmetro leva sete dias para ser confeccionado, elas colocam na tabela quantos dias elas teriam de desconto da pena.

Essa experiência foi algo que nós acabamos adotando. Quando fui para Itatinga, levamos essa possibilidade porque lá também não tinha essa característica de trabalho, pelo menos os manuais elas poderiam desenvolver uma forma de reduzir o tempo de pena e também ocupar o tempo que elas tinham visando uma ressocialização na hora que deixassem a Unidade Prisional.

Por fim, aqui em Vera Cruz, acredito que também é uma realidade diferente porque as presas também têm a possibilidade de trabalho. Todos aqui da região devem conhecer a Empresa Marcari, ela montou um galpão de trabalho para elas, forneceu as máquinas e hoje tem muitas presas trabalhando, possibilitando para muitas delas já saírem com emprego garantido. Elas voltam a prestar serviços a algumas empresas e assim ajudam as famílias, descontando o tempo de pena e tentando fazer essa ponte de ressocialização.

Na verdade, é isso que eu queria passar a título de esclarecimento como a Maria de Fátima estava expondo com relação aos delitos de potencial ofensivo; realmente, nós temos essa questão que, desde de que foi alterada a legislação, a lesão corporal de maneira geral passa a ser crime de menor potencial ofensivo, sujeito à aplicação de pena imediata. Posteriormente, tem uma outra alteração legislativa e aí a pena fica difícil de ser aplicada, que é nos casos de violência doméstica.

A pena é restrita, a ser aplicada juntamente à participação dos casais em Grupos de Apoio, só que a gente vê que em grandes Comarcas ainda este tipo de trabalho pode ser desenvolvido como em alguns lugares cada um tem seu Núcleo. Aqui em Marília contamos também com o Setor Técnico Criminal, eles até podem dar esse tipo de assessoria, mas a gente percebe que nas Comarcas menores, nas cidades menores já é difícil implantar um trabalho como esse. Gostaria mais uma vez de agradecer a possibilidade de prestar algumas informações e dizer que a Vara de Execução Criminal está de portas abertas para qualquer esclarecimento e também vocês que são do Setor Social todo o apoio que puderem nos dar, nos prestar, tanto em relação à nossa Cadeia de Vera Cruz, quanto ao Centro de Ressocialização e também às Penitenciárias, nós agradecemos.

Mulheres e Relações de Gênero: Poder Simbólico, Mídia e Arte

A Sensualidade da "mulher brasileira" na publicidade

Iara Beleli [10]

> Existem consumidores brasileiros, mexicanos, americanos etc. Mas não existe um consumidor global. Se o encontrarem, fotografem-no!
>
> *Maurice Levy apud* COMIN E GALBRAITH

Se não há um consumidor global, as campanhas de fortalecimento das marcas de produtos parecem ter que se adaptar aos "saberes locais". Geertz [2003] oferece boas pistas para pensar não **o que** são, mas **como** se constituem estes saberes. As diferentes interpretações de um mesmo fato, ou as diferentes leituras de uma mesma situação estão

10 Doutora em Ciências Sociais — área de Gênero —; pesquisadora do Núcleo de Estudos de Gênero — Pagu, ambos na Unicamp. Editora executiva dos *Cadernos Pagu*, publicação semestral do Núcleo de Estudos de Gênero — Pagu/Unicamp.

mediadas pelas posições dos sujeitos e pelas convenções, que marcam as diferenças entre o estabelecido e o *outsider* ou, ainda, silenciam os efeitos que os "diferentes" produzem nas organizações sociais.

As técnicas utilizadas para lançar marcas/logos no mercado de consumo também são utilizadas para enaltecer as marcas de uma nação. Se quer prosperar, vá para a América (do Norte), segundo Bagdikian [1993, p. 223], os EUA se tornaram a terra "da prosperidade, da liberdade, da oportunidade", prometendo acesso fácil a bens materiais, esta é uma das marcas da nação estadunidense cultivada pelo senso comum dentro e fora dos Estados Unidos [11].

No Brasil, a alardeada "natureza sensual, exótica e receptiva da mulher brasileira", muitas vezes associadas a corpos morenos — adscritos ou adquiridos — parece integrar a constituição da "marca Brasil". Nesse sentido, me pergunto em que medida a veiculação destas imagens oferecem uma certa particularidade ao território nacional como um lugar que permite vivenciar fantasias, desejos... O recorte aqui privilegiado propõe uma reflexão sobre as ideias justapostas em uma propaganda vencedoras no Festival de Criação de São Paulo, espelhadas em peças veiculadas em revistas de informação, entretenimento e lazer. No contraponto apresento uma marca de *lingerie,* que se destacou na Feira da Selfdriges em Londres, utilizando a sedução *à la* Brasil para promover o produto.

Belezas nacionais

Não é necessário fazer extensos levantamentos para perceber que as imagens que utilizam mulheres como modelos predominam na publicidade brasileira. Mas esse setor de serviços vai além de propagar

11 A chamada para a estreia da novela "América" — *TV Globo*, março de 2004 — mostrava uma cena na qual uma mulher explicava a uma criança as vantagens de ir para a América, onde o povo é "lindo", não tem fome e a felicidade reina. América, aqui, se refere aos Estados Unidos, país apresentado como o referente do continente americano.

corpos esculturais, a maioria de cor mais clara, e que exalam uma juventude, por vezes, infantil —, a "beleza" atribuída a esses corpos é definida por, e define os, padrões que ancoram motes nacionais. Vejamos uma das campanhas de *lingerie*:

> Da cor do pecado, da cor do prazer, da cor... que você escolher. Porque já se foi o tempo em que *lingerie* se chamava *underwear* por ser a **peça eternamente escondida sob as roupas**. Hoje, beleza e sofisticação se descobrem e revelam sem medo: em cores, formas, modelagens, detalhes mais ou menos aparentes. **Quem sabe a medida exata desta revelação é cada mulher** — uma alça que se deixa ver, uma renda por baixo de um decote ousado, a perfeita modelagem de um *body* sob transparência total. Para isso, é preciso estar sempre bem preparada: nas cores exatas — fortes, como são os tons vivos das cores do Brasil, celebradas aqui com o lançamento da linha Triumph em azul rei, o *bluete*, e no tom páprica —, na modelagem — que pode ser a mais tradicional à exuberância do *wonderbra* —na delicadeza e feminilidade de rendas em pequenos detalhes. **Porque Deus criou a mulher. E colocou no coração do Brasil a mais sensual de todas as Evas**. [*Marie Claire*, nº 42, setembro de 1994:81 (grifos meus).]

Na campanha da Triumph, em página inteira, acima aparece a marca, em fundo vermelho e letras brancas, em segundo plano, um conjunto de calcinha e *soutien* rosa claro, sobreposto pelo texto escrito em letras pretas. A sequência de negritos assinalados oferece elementos para refletir sobre algumas questões. De um lado, dilui os limites entre público e íntimo — estimulando a revelação do que "antes era escondido" —, de outro, sugere condutas a serem seguidas para cada "tipo" de mulher, chamando-as à ação de decidir a "medida desta revelação". A tímida sensualidade numa alça que se deixa ver, a "ousadia" de um decote e a transparência total apontam para a convivência entre tradicional e moderno e a diferença entre as mulheres, enevoada, ao final, pelo chamado à nacionalidade, à natureza e à religiosidade, evocadas para compor a identidade da "mulher" brasileira.

As palavras em inglês indicam que o público-alvo tem acesso ao conhecimento de língua estrangeira e, portanto, pode estar inserido em classes sociais mais favorecidas. No entanto, algumas palavras-chave fazem parte da linguagem corrente — Deus, Eva, sensual, Brasil —, que sugere uma padronização da "mulher brasileira" como a mais sensual, uma evocação que coloca àquelas que não são vistas, ou não se veem, como sensuais fora da normalidade.

A essa padronização, apresentada como constitutiva da nação brasileira, se junta outra recorrentemente utilizada para explorar as imagens do Brasil: a natureza. Em abril de 2003 foi lançado o novo comercial da Kaiser, criado pela Bates Brasil. O filme se inicia com o tradicional gongo de abertura dos comerciais da Kaiser. Em seguida, são projetadas lindas cenas do Brasil, enquanto o locutor, em *off*, diz:

> O Brasil merece uma Kaiser, não só pelo seu futebol mágico ou por suas praias maravilhosas. Nem só pelo seu povo hospitaleiro, pelos olhares ou pelos sorrisos. É, o Brasil merece uma Kaiser, mas não só pela sua música apaixonante ou porque é um dos lugares mais lindos do mundo. O Brasil merece uma Kaiser **porque aqui, nesse país, nasceu e mora ela... Daniella Cicarelli**. [*Vox News*.com.br maio de 2003 (grifos meus).]

O lugar mais lindo do mundo, o povo mais hospitaleiro, música que apaixona, praias maravilhosas, magia do futebol são apresentados como marcas "naturais" do Brasil, e já seriam qualidades suficientes para despertar o interesse pela cerveja Kaiser, mas a ênfase está na "mulher brasileira", personificada em Daniella Cicarelli. Nascer e morar no Brasil lhe dá essa "natural" sensualidade, um olhar e um sorriso especiais... "Mania Nacional" [12] — um antigo *slogan* das campanhas da Kaiser—, se transpõe agora à modelo.

---

12 Mania Nacional. *VIP*, dezembro de 2002. Daniela Cicarelli também foi capa desta edição.

Olhos claros e corpos esculturais — estética preferencial para as modelos — já se tornaram lugares comuns na publicidade, que está sempre em busca de novos motes. A marca destacada pelas várias mídias quando apresentam a figura de Cicarelli é "essa bocona maravilhosa". Por um longo período, publicitários e empresários procuravam esconder ou dissimular quaisquer referências a fenótipos presentes em corpos marcados pela "cor", tidos como um fator de rejeição que se estendia ao produto anunciado. Nesse sentido, chama a atenção a valorização da "boca carnuda" como parte do jogo sedução/desejo e que provocou, nos últimos anos, uma corrida de mulheres de peles claras para o preenchimento de lábios. Se as formulações de gênero nestes dois exemplos são reificadas, colocando as feminilidades ancoradas no modo tido como "tradicional", a sensualidade "nata" da mulher brasileira parece agora implodir esquemas de definições raciais estanques, sugerindo uma certa hibridização que se não é "natural" deve ser "produzida".

Aliado à propagação da imagem sensual e exótica da mulher brasileira, que parece se impregnar nos corpos que aqui nascem ou vivem, o território nacional é também apresentado como um lugar que permite vivenciar fantasias, desejos...

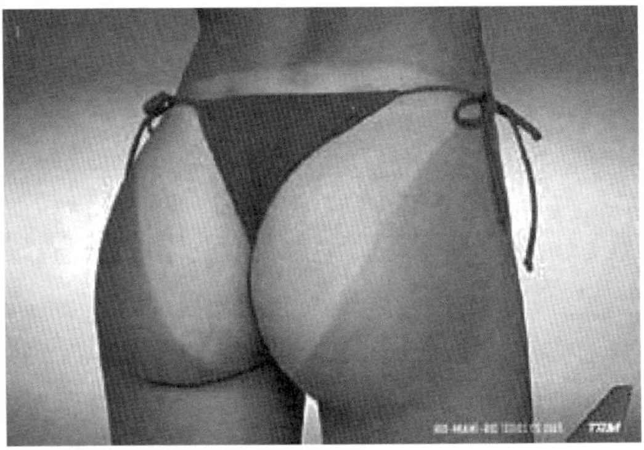

Figura 1 - Rio–Miami–Rio todos os dias [13]

13 DM9DDB, redação: Rafael Merel, direção de arte: Marcelo Fredizzi, medalha de Bronze/revista, 2002.

Segundo os próprios publicitários, a eficácia da propaganda está na identificação do maior número de consumidores com a mensagem proposta pela marca/logo. No caso, a TAM funciona como o veículo que transporta as pessoas a um lugar que propicia uma identificação com uma certa liberação de sentidos, apresentados como inerentes às mulheres brasileiras, justapondo essa liberação à assimilação de significados correntes na cultura brasileira. A imagem mostra que essa mulher usava um biquíni que tapava boa parte do seu glúteo, evidenciado pelas marcas de sol, quando utiliza uma peça muito menor, indicando o Rio de Janeiro como uma cidade que possibilita uma liberação de sua sensualidade, antes escondida.

Além de passagens, a TAM vende uma forma "autêntica" de sexualidade e a propaganda sugere que este é o local de sensualidade inerente, chamando atenção de turistas homens à procura de sexo — que vêm ao Brasil em busca dessa morena *caliente*, como analisou Piscitelli [2002] —, mas também, e aqui penso que temos uma novidade, coloca às mulheres de outras partes do mundo a possibilidade de liberar sua sensualidade, em outros lugares escondida. Se essa é uma interpretação plausível, a particularidade das "mulheres" brasileiras é dada pela localização, novamente um chamado à natureza, que possibilita às mulheres de alhures adquirir essa forma especial de ser. Na associação cidade/corpo, a sensualidade pode ser adquirida por mulheres de outras partes do mundo, mimetizando a maneira de se vestir das brasileiras, no caso, o minúsculo biquíni identifica, e classifica, um modo de ser nacional [14].

O esquadrinhamento desses corpos "especiais" exibem as preferências nacionais. A ênfase na bunda da mulher brasileira é recorrente na publicidade, no caso da campanha que segue há uma associação direta entre parte do corpo feminino e a nação, onde a combinação Bunda-Brasil assume sua forma mais explícita.

---

14 Sobre a vestimenta como forma de marcar identidades nacionais, ver Tarlo, 1998, particularmente a Introdução — The Problem of What Wear.

Figura 2 – "Levanta Brasil"
[*Marie Claire*, nº 76, julho de 1997:14-15]

O texto a seguir mostra em números os desejos das mulheres:

> Mais de 1 milhão de mulheres em todo o Brasil já estão usando a legítima Impuls Trifil. Todas elas acharam que levantar o bumbum, modelar a barriga e o quadril de uma vez é uma ótima ideia. Experimente Impuls: ela faz pelo seu corpo, em poucos segundos, o que você levaria meses para conseguir em uma academia.

Na figura 2 aparece um fragmento do corpo feminino de costas, com cintura bem marcada, quadris largos — estilo "violão". No canto direito, escrito numa tarja amarela triangular aparece: "UAU! A meia calça que deixa o bumbum legal".UAU! é uma positiva interjeição de surpresa para esta modelagem de parte do corpo feminino, apresentada como ideal para uma expressiva parcela das mulheres brasileiras. A marca TriFil parece integrada ao corpo da modelo e a chamada "Levanta Brasil" coloca a bunda — empinada, arredondada... — como um dos símbolos da nação, ressaltada pelo vestido-camiseta vermelho intenso, cor normalmente utilizada para evocar a sedução. A propaganda reitera a combinação Brasil-mulher-bunda-sedução. Não deve ser por acaso que a única delegação, nas olimpíadas de 2004, que tinha a inscrição do país na bunda era o Brasil, no caso dos uniformes das jogadoras de vôlei de praia.

É brasileira? É *sexy*!

A evocação dessa sensualidade constitui uma das marcas da publicidade brasileira que utiliza a mulher como modelo, um produto de exportação que se justapõe à imagem do Brasil no exterior, apoiada particularmente no "natural" exotismo dos habitantes deste país. Glória Kalil menciona a entrevista de Ilze Scamparini com Giorgio Armani: "Ao perguntar a ele qual seria a roupa ideal para a mulher brasileira Armani respondeu rindo: 'Eu a vestiria toda de bege! Ela já é suficientemente exuberante!'." [http://chic.ig.com.br]

Vender o Brasil como a terra da sensualidade ainda funciona. Dos 800 tipos de produtos brasileiros exibidos em *Brasil 40 degrees* [15] as calcinhas e os sutiãs *Madame V* – marca de *lingerie* criada por Vanessa Senem[16] – causaram furor, agregando um item à clássica combinação havaianas-cachaça-biquíni.

Apostando na imagem dos ingleses como "frios", "pouco emotivos" e "sem criatividade na cama", Vanessa criou em seu *stand* uma réplica de um motel, com camas redondas e espelhos, onde anunciava aulas de sedução:

> A inglesa está querendo se comunicar mais com o corpo. E quem pode dar melhores dicas do que as brasileiras? **Somos as mulheres mais sensuais do mundo**, encaramos o assunto como estilo de vida. [Yes, queremos ser sexy. *Veja*, 17-5-2004 (grifos meus)]

---

15 Feira realizada pela Selfridges — uma das mais antigas lojas de departamento de Londres, criada em 1909 — em parceria com a Agência de Promoções de Exportação do Brasil (Apex) e com a embaixada brasileira, que destacou o Brasil em maio de 2004.

16 Fabricada em Belo Horizonte-Minas Gerais e desenhadas pelo estilista Guilherme Marcone, a produção mensal de 1.200 peças da grife *Madame V* são vendidas na Inglaterra — lançada em agosto de 2003 –, na Espanha e nos Estados Unidos. Curiosamente, não existem lojas no Brasil, onde a *lingerie* pode ser adquirida através da Internet.

As aulas, segundo a cobertura da mídia, iniciavam com recomendações estéticas — "manicure, pedicure e depilação". [*Isto É*, 12-05-2004] Uma das coisas que me chamou a atenção nas matérias veiculadas sobre a feira foi a ênfase nas profissionais de beleza, que mostravam a depilação à brasileira, criando desenhos pouco ortodoxos para a área da virilha, "marca nacional" evocada até pelos dicionários ingleses, a exemplo do Oxford, onde a expressão *brazilian*, além de brasileiro, designa um estilo de depilação no qual quase todos os pelos pubianos são raspados, permanecendo apenas uma pequena faixa central, aludindo aos minúsculos biquínis usados pelas brasileiras que conformam uma das marcas da sensualidade local, como sugere minha análise da propaganda da TAM.

Mas o ponto alto da FEIRA estava no "requebrar os quadris", uma forma de apreender o andar da "garota de Ipanema" e de como se comunicar através do corpo. Quando perguntada se esse tipo de *marketing* não reforça de forma negativa a imagem sexualizada que se tem da mulher brasileira no exterior, Vanessa afirma que não:

> Acho que vai ser uma oportunidade maravilhosa de poder explicar as coisas... As pessoas que entendem que vão chegar lá para ter uma aula de sacanagem vão encontrar uma mulher brasileira muito linda. As pessoas me perguntam qual é o segredo da mulher brasileira, eu digo que nós somos "mães brasileiras", temos muito carinho. Nós recebemos muito amor, então sabemos distribuir também... a brasileira é especial... [porque ela] acredita em si mesma, **aposta no feminino, que compete com o homem, mas sem deixar de rebolar.** (...) Não vamos ter vibrador, mas, sim, cristais, aromatizadores de ambiente, flores secas, óleos de massagens. Nada de kama sutra, coisas para o sexo. Essa relação com o esotérico brasileiro vai ser muito mais forte do que qualquer outro relacionamento que se possa ter entre o Brasil e a prostituição, por exemplo. (...)
>
> Vamos falar sobre como usar o corpo para se comunicar, desde o andar da garota de Ipanema, usando os quadris, até os olhares e trejeitos... Esse é o charme: conseguir as coisas sem ter que pedir. (...) O que a

gente mostra é o que a brasileira tem de melhor: carisma, charme, carinho. E eu acho que é o que apaixona, não é? (...) [17]

As declarações de Vanessa Senem suscitam muitas discussões. A combinação mulher-Brasil parece se traduzir em exótica-esotérico e propõe, de um lado, a substituição dos "brinquedos" utilizados para apimentar as relações amorosas por aromas e óleos afrodisíacos, de outro, uma imagem do Brasil que se desvincula da prostituição de mulheres brasileiras no exterior. Paradoxalmente, "ensina" o "rebolar dos quadris", segundo ela, um dos atributos de feminilidade particular às brasileiras. O destaque para o "andar feiticeiro", imputado às mulheres brasileiras, parece ultrapassar suas profissões e perpassa os corpos vistos como de prostitutas ou não.

Senem — sempre aludindo a práticas sexuais que obedecem a ordem compulsória sexo/gênero/desejo [Butler, 1988] — sugere uma sutil diferença entre prostitutas e não prostitutas, positivando as mulheres que "conseguem as coisas sem ter que pedir", em detrimento das relações que passam por contratos explicitamente estabelecidos, em ambos os casos o desejo parece estar submetido a uma certa mediação.

Sobre o que as inglesas pensam das aulas de sedução, Senem responde "Elas acham fantástico. Todas querem ser Gisele Bündchen, todas querem ser brasileira", uma afirmação aparentemente paradoxal, na medida em que a imagem de Gisele Bündchen em nada se assemelha às propagadas sensualidades brasileiras, marcadas pelo colorido dos corpos e por glúteos avantajados das "mulatas", ressaltados em diferentes manifestações da cultura brasileira. [Corrêa, 1996] Nesse sentido, o que está sendo racializado aqui é a nacionalidade e não a

17 A citação foi copilada de várias entrevistas de Vanessa Senem à mídia brasileira e estrangeira. Brasileira dá "aula de sedução" para inglesas. *BBC Brasil.com/ Estadão.com.br*, 29-04-2004; Brazilian-inspirade lingerie and lesson in seduction. *Jungle Drums*, may 2004; Sex Sells, *Jackie*, january 2004; *Tatler*, december 2003; Introducing Madame V, *Vogue*, august 2003; Mercy Madame, *Anabel's Magazine*, autum/Winter 2004.

cor. O par cor/sedução como marca brasileira aparece no depoimento de algumas jornalistas que participaram do curso, quando apontam sua desconfiança dessas "técnicas de sedução", enfatizando a "cor de caramelo" de Madame V como uma arma natural que elas (inglesas) não possuem [18].

Figura 3 – Vanessa Senem [*VEJA*, 19-05-2004] [19]

"Estamos certas que você encontrará no *stand* de Madame V muito mais do que uma *lingerie* sofisticada. Nossa missão é empoderar você para que você seja mais sedutora". O tom de empoderamento das mulheres através da sedução é uma fala recorrente nas entrevistas de Vanessa, um tipo de agenciamento, muitas vezes entendido no senso comum como uma modificação nas relações de poder e bastante criticado pela teoria feminista. [Hooks, 1996] Mas o que gostaria de destacar é que as leituras feitas pelas diversas mídias das aulas de sedução de *Madame V* sugerem uma estreita relação entre gênero e sexualidade. A tentativa de perceber essas categorias em lugares distintos [Vance, 1995] se esvai numa sintonia calcada na natureza das "mulheres", em particular das brasileiras.

18 A natureza desses "corpos sinuosos" encontrados no Brasil é também salientado na pesquisa de Pontes sobre a presença de mulheres brasileiras em Portugal. (Pontes, 2004).

19 *Stand* de *Madame V*, que reproduz um motel, na Feira da Selfgridges.

O potencial de sedução da "mulher", destacado nas entrevistas como particular às brasileiras, se universaliza na filosofia da grife: "I seduce, therefore I am" — frase que acompanha a foto que abre o site de *Madame V*. Nessa formulação, a sedução passa a ser condição de existência, adquirindo centralidade em quaisquer feminilidades — "romântica, clássica, mulher fatal".

Para finalizar, volto às representações das imagens de mulheres em um anúncio de oportunidade — o Boticário relança o perfume "Linda Brasil" em homenagem ao Dia Internacional da Mulher.

	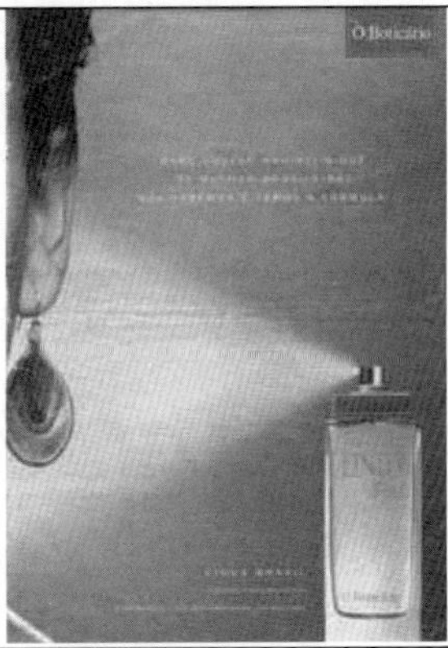
Sabe o não-sei-o-quê da mulher brasileira? Nós sabemos e temos a fórmula	Linda Brasil Edição comemorativa 8 de março — Dia Internacional da Mulher

Figura 4 - O Boticário — Linda Brasil [revista *Caras*, março 2005]

A bandeira do Brasil, um dos seus símbolos primeiros, se mistura à imagem de uma mulher, cujo adereço — brincos em azul —, são confeccionados com penas de ave, reforçando a autenticidade nacional. A beleza do país novamente se confunde com a beleza da "mulher brasileira" em "Linda Brasil", afirmando a particularidade nacional através da especialidade das mulheres, assentada em algo que não pode ser expresso em palavras — "não-sei-o quê". A mistura de fenótipos é cuidadosa ao apresentar uma "cor" indefinida e, arrisco, "embranquecida", quando se agrega o nariz afilado, olhos acaramelados e cabelos devidamente recorridos [20]. A boca carnuda, menos do que celebrar marcas raciais, entra na fantasia de uma natural sensualidade da "mulher brasileira".

Considerações finais

Na junção destes cenários, dentro e fora do Brasil, o que define a particularidade da "mulher brasileira" é a sedução. Nessas imagens, a heterossexualidade, apresentada como modelo, parece estar fadada a estilos tidos como mais conservadores, que indicam a sedução como forma de aceder à igualdade.

A sensualidade da "mulher brasileira" se traduz nesse "jeito especial" de se comunicar com o corpo o que faz do Brasil um lugar particular, que permite vivenciar fantasias, desejos..., ao mesmo tempo, esse "jeito especial" é atribuído à localização. A cor, adscrita ou adquirida, parece ganhar maior significado quando atravessa fronteiras. Nos últimos anos, a publicidade brasileira agregou ao das "mulheres mais sensuais do mundo" as cores escuras. No entanto, as modelos podem ser percebidas como "negras" ou como "brancas", ressaltando mais a mistura do que uma cor determinada. Fora do Brasil a cor parece ser o que particulariza a mulher, no geral, ressaltando a mulata, mas, fundamentalmente, a "bunda" da mulata. A "cor de caramelo", atribuída a Vanessa Senem/*MadameV*, é percebida como algo que, de fato, faz a diferença.

A bunda é uma forte representação iconográfica da africana. Em uma revisão das abordagens de cientistas franceses que estudaram o

---

20 Até 2005, era raro encontrar na publicidade comercial imagens de mulheres com cabelos encarapinhados, a preferência estava centrada nos cabelos lisos ou encaracolados, sempre exaltando o "movimento", palavra recorrente nas propagandas de *shampoo* e outros produtos para cabelos. Assim, na ausência de "movimento", os cabelos são escondidos sob turbantes ou recorridos. Sobre a "inclusão" dos "negros" na propaganda brasileira, ver "Cenários marcados pela cor" [Beleli, 2005a].

corpo de uma mulher sul-africana, no início do século XIX, Teresa Citeli aponta o viés racista e sexista na prática do conhecimento científico. [Citeli, 2001] As nádegas descomunais da Vênus Hotentote aparecem até hoje no mundo do entretenimento de Londres e Paris. Como a África na América, as nádegas, na publicidade brasileira, parece se associar à identidade nacional, explorada como forma de entretenimento que, recorrentemente, se junta às cenas de praias, cerveja e carnaval. Essas junções não escapam aos olhares forâneos e talvez conforme a particularidade do Brasil.

Referências Bibliográficas

BAGDIKIAN, Ben. **O monopólio da mídia**. Página Aberta São Paulo, 1993.

BELELI, Iara. **Marcas da diferença**: gênero e raça na propaganda brasileira. Tese de doutorado, IFCH — Doutorado em Ciências Sociais, Unicamp, 2005.

_______. Cenários marcados pela "cor". A "inclusão" do "negro" na publicidade brasileira. *In*: Grossi, M.P. e Schwade, E. (orgs.). **Política e Cotidiano**: *estudos antropológicos sobre gênero, família e sexualidade*. Associação Brasileira de Antropologia/Nova Letra, Florianópolis-SC, 2006, pp.297-323.

BUTLER, JUDITH. **Gender Trouble**. NY/London, Routledge, 1988.

CITELI, MARIA TERESA. **As desmedidas da Vênus negra**: gênero e raça na história da ciência. *Novos Estudos Cebrap*, nº 61, 2001.

COMIN, ARNALDO E GALBRAITH, ROBERT. **Os novos valores da comunicação**. *Meio & Mensagem. apud* Maurice Levy [CEO do Grupo Publicis] 2003.

CORRÊA, MARIZA. **Sobre a invenção da mulata**. *Cadernos Pagu* (6/7) — *Raça e Gênero* —, Núcleo de Estudos de Gênero. Campinas: Pagu/Unicamp, 1996.

GEERTZ, CLIFFORD. **O saber local**. 6ª ed. Petrópolis: Vozes, 2003.

HALL, STUART. **A identidade cultural na pós-modernidade**. 7ª ed. Rio de Janeiro: DP&A Editora, 2002.

HOOKS, BELL. **Real to real — race, sex and class at the movies**. New York/London: Routledge, 1996.

PISCITELLI, ADRIANA. **Exotismo e autenticidade: relatos de viajantes à procura de sexo**. *Cadernos Pagu* (19), Núcleo de Estudos de Gênero. Campinas: Pagu/Unicamp, 2002.

_______. **On Gringos and Natives, gender and sexuality in the context of international sex tourism**. *Vibrant - Virtual Brazilian Anthropology*, ano 1, 2004.

PONTES, LUCIANA. **Mulheres brasileiras na mídia portuguesa**. *Cadernos Pagu* (23), Campinas: Núcleo de Estudos de Gênero — Pagu/Unicamp, 2004.

TARLO, EMMA. **Clothing Matters. Dress and Identity in India**. Chicago: The University of Chicago Press, 1998.

VANCE, CAROL. **A Antropologia redescobre a sexualidade**: um comentário teórico. *Physis — Revista de Saúde Coletiva*, 5:1, 1995.

Sites

http://chic.ig.com.br - Brasil: Nem biquíni, nem minissaia, 06-05-2004.

BBC Brasil.com/ Estadão.com.br, 29-04-2004.

Revistas

Anabel's Magazine, autum/Winter 2004.

Caras, março 2005.

Jungle Drums, may 2004.
Jackie, january 2004.
Tatler, december 2003.
Veja, maio de 2004.
Vogue, august 2003.

Olhos Sobre a Mulher

Dulce A. Adorno-Silva [21]

De olho no segredo

De olho na condição feminina, da qual faço parte, e tendo sido convidada para rever essa condição dentro da V Semana da Mulher, retomo as situações de vida da menina que foi criada em uma família centrada na figura paterna e cuja mãe expressava seus sonhos de liberdade, que nunca chegaram realmente a alçar voo. Quando adulta, impulsionada pelos sonhos da mãe, apesar de acompanhados da apreensão do pai, ingressei na política universitária, como líder estudantil juntamente com outras mulheres, que também o fizeram rompendo as amarras do navio da feminilidade condicionada. Mas, nem sempre a vida ofereceu lugares privilegiados para que estivesse em situação de igualdade com o sexo oposto.

---

21 Professora Doutora do Centro de Linguagem e Comunicação da Pontifícia Universidade Católica de Campinas, Doutora pela FE/UNICAMP.

No casamento, o marido insistia em que a mulher deveria saber cozinhar e depois, divorciada, sentiu o peso dos olhares sociais. Na primeira vez em que se dirigiu à oficina para consertar o carro, diante das perguntas sobre o problema do veículo, o mecânico que a atendeu, respondeu-lhe que pedisse ao marido para ir até lá para que lhe explicasse.

O questionamento, no entanto, surgiu mais uma vez: o que fazia com que a sociedade enxergasse a mulher dessa forma? Já observara a vida das avós, das tias, da própria mãe e sentia na pele a força do machismo, principalmente quando a mãe dizia que se tivesse que nascer de novo, gostaria de nascer homem. Mas, ela era tão feminina, só podia ser a opressão que a tornava objeto dessa estranha vontade.

Atraída pelo título de um livro que viu em mãos da filha caçula, *A Cama na Varanda*, pediu-lhe emprestado para que lesse, e saboreou-o quando ela lhe deu uma cópia xerox do livro. Nele encontrou a primeira ideia que a fez continuar a leitura, pois se referindo ao homem de Cro-Magnon (500.000 a 10.000 anos a.C.), *homo sapiens*, afirmava que o homem e a mulher, *Viviam da caça e da coleta de alimentos e, para sobreviver, dependiam da parceria entre homens e mulheres.* (Lins, 1999: p. 17). A ideia de "parceria" deu força ao desejo de união ideal durante o primeiro momento da leitura, mas o segredo da relação foi se desvendar no parágrafo seguinte, que revela: *Desconhecia-se o vínculo entre sexo e procriação. Os homens não imaginavam que tivessem alguma participação no nascimento de uma criança, o que continuou sendo ignorado por milênios* (idem, ibidem). A autora comprova com argumentos arqueológicos: as estatuetas encontradas em escavações, como a estatueta de Vênus de Willendorf (Áustria), encontradas na Europa (30.000 a 25.000 anos a. C.) testemunham o culto à fecundação. Elas revelam que o feminino ocupava um lugar primordial (*sic*), no culto à deusa-mãe. Observa também que, na arte neolítica, há ausência de deuses masculinos e que: *Os homens não tinham motivos para se sentirem superiores ou exercer qualquer tipo de opressão sobre as mulheres* (Idem, p. 20) — e que eles associavam a fecundação à natureza. Embora a deusa-mãe [22] tenha reinado desde o

22 *As características da deusa-mãe eram: nudez, obesidade e acentuada feminilidade*, p. 20.

fim do paleolítico até o início da idade do bronze, a autora afirma que não existem sinais de que houvesse subordinação masculina.

Mas o período de paz foi encerrado, quando surgiu a figura de um deus masculino que decretou que a mulher deveria ser submissa a ele (p. 21). Isso aconteceu quando os homens, convivendo com os animais diariamente constataram que, *após o carneiro cobrir a ovelha, nasciam os filhotes* (p. 22), e (...) *que um carneiro podia emprenhar mais de cinquenta ovelhas* (p. 22). Depois dessa descoberta, o homem adquiriu um comportamento autoritário e arrogante, passando a ser opressor da mulher. Essa descoberta teve outras consequências: o surgimento das guerras,o aumento das riquezas, a mudança da filiação de feminina para masculina (inclui a herança), a necessidade de procriação em função da mão-de-obra — e transformou a mulher em objeto, pois era trocada entre tribos e até roubada. Com a destituição da deusa de seu poder, na expansão agrícola, o órgão masculino assume posição preponderante (p. 26). e passa a ser cultuado até a Idade Média. A autora explica que a derrocada feminina de seu átrio de poder, culmina no patriarcado: *uma organização social baseada no poder do pai, e a descendência e o parentesco seguem a linha masculina. As mulheres são consideradas inferiores aos homens e, por conseguinte, subordinadas à sua dominação.* (p. 32).

A partir da visão do patriarcado, os olhos dos homens passam a ver a mulher de cima para baixo, fazendo-a submissa ao seu controle, o que influencia todas as instituições sociais. Dentro desse contexto, (pp. 34 e 35) o homem controla a fecundidade feminina, procede a divisão sexual das tarefas ao submetê-la aos limites de tarefas específicas; enquanto ele se outorga o direito da posse sexual de muitas mulheres, ela fica condicionada à obsessão da fidelidade ao homem, que teme traições com vistas à legitimidade dos filhos. Assim, ficam confinadas em casa, obrigadas a usar o cinto de castidade, condenadas a extirpação do clitóris e, quando adúlteras, condenadas ao serem apedrejadas, a ficarem trancadas em convento, ou são ainda hoje espancadas por maridos ciumentos. Assim, a vida das mulheres: inclusive sua sexualidade – sempre foi definida pelo homem [23].

À luz trazida pelo livro *A Cama na Varanda* torna-se mais clara pela observação do significado da representação da mulher na época do matriarcado (Vênus de Willendorf e outras estatuetas da mesma natureza). As estatuetas são representações icônicas, porque possuem analogia com o objeto — no caso a mulher –, que se representa com uma barriga grande e obesa. Mas, como foram encontradas várias estatuetas que possuem a mesma representação, infere-se que esses objetos atendiam uma convenção, ou seja, todos das comunidades concordavam com as características presentes no objeto. Dessa forma, porque foram encontradas várias estatuetas com as mesmas características de representação, conclui-se que havia nelas o acordo mútuo, a concordância das comunidades em relação ao modo de ver a mulher. Essa visão era, pois, generalizada, o que leva à comprovação que as estatuetas não eram apenas ícones: signos que possuem semelhança com o objeto representado, mas símbolos que generalizam um significado que se expandiu a partir do primeiro e tornou-se convenção. Portanto, as estatuetas são símbolos que representam a época, a comunidade, a sociedade, não apenas uma situação específica, por isso não são representações individuais, mas repetem-se. Essa aceitação geral é o que especifica o mito e era o que movimentava a vida.

A substituição do matriarcado e a consequente perda de poder pelas mulheres, que instauram o sistema patriarcal, impulsionam esta reflexão para análise de outras linguagens que registram com que olhos a sociedade continuou a ver a mulher.

A escrita e o olhar masculino

O olhar masculino sobre as mulheres deixa de ser somente natural (sonoro-auditivo: voz humana), passou a ser icônico (estatuetas),

---

23 Idem, ibidem, pp. 35-57. Pela análise de textos religiosos, a pesquisadora mostra também a submissão da mulher ao masculino.

mas como garantia de continuidade do patriarcado contou também com a escrita (linguagem verbal ou signos verbais). Muitas histórias registram que, a mulher, embora mostre tentativa de libertação, a trama da estória acaba por confiná-la a espaços críticos ou garante ao final da trama seu retorno à sombra masculina.

Como primeiro exemplo apresenta-se um texto do gênero dramático: *A Farsa de Inês Pereira* (1523) de Gil Vicente, em cuja trama, a personagem lamenta-se da clausura do trabalho doméstico, do qual pretende se libertar por meio do casamento. Casa-se com um escudeiro que a deixa trancafiada em casa, sob vigilância de um pajem, enquanto viaja para tornar-se cavaleiro. Mas diante da experiência negativa do aprisionamento, ela acaba por se casar com o primeiro pretendente que lhe fora arranjado: Pero Marques –, homem simples e grosseiro, mas a quem Inês consegue dominar. Ela representa a mulher que sonha e possui vontade própria, mas que acaba se submetendo às regras do casamento imposto pela sociedade, para conseguir uma "liberdade" irônica. Os olhos do autor veem a mulher como presa às regras do patriarcado sem que tenha condições de sair de sua "prisão", visto que da clausura real passa a ser prisioneira do esquema do casamento que lhe foi imposto conforme as regras vigentes na época (o casamento era arranjado).

Senhora (século XIX), de José de Alencar, é outro exemplo. O autor vê Aurélia: *Desde o momento de sua ascensão ninguém lhe disputou o cetro; foi proclamada a rainha dos salões*[24] e continua caracterizando-a: *Tornou-se a deusa dos bailes; a musa dos poetas e o ídolo dos noivos em disponibilidade. Era rica e formosa.* (Alencar, 1992: p. 17). Todavia, a personagem acaba, por vingança ou capricho, por comprar o marido, que a havia rejeitado. Ela representa a mulher que teve ascensão social, mas rejeitada por Seixas (o marido) acaba sob os olhos do leitor por reconsiderar sua atitude e suplicar o perdão ao marido a quem amava. Outra personagem feminina, que, no decorrer da trama, para ser feliz, "redime-se", aceitando o esquema da submissão. O ponto de vista é

24 José de ALENCAR, Senhora, p.19

masculino: autor, narrador e personagem masculina definem o olhar sobre a mulher.

Muitas análises podem ser analisadas a partir de outros escritores que reproduzem o olhar sobre e não, com a mulher, típico de seu tempo. Por curiosidade, acrescentam-se a seguir algumas delas: em *Fogo Morto* de José Lins do Rego [25], a velha Sinhá, esposa do mestre Amaro (*Culpada de tudo era sua mulher Sinhá.* (Lins do Rego, 1972: p.12)), além da submissão, é responsabilizada pela infelicidade do marido; outra mulher que permanece sob o controle patriarcal é Neném, filha do Coronel Lula de Holanda, que está em constante conflito sobre quem irá desposar sua filha, a qual, constantemente sob o olhar vigilante do pai, acaba por ficar solteira e infeliz; outra personagem feminina (século XXI) é Sophie, do romance, *O Código Da Vinci* de Dan Brown (editado no Brasil em 2004), a qual retoma a ideia da deusa do matriarcado, por sua suposta descendência de Jesus, mas cujas ações dentro do enredo estão subordinadas as de Langdom, como se a mulher continuamente estivesse sob o olhar protetor do macho.

Na Literatura, porém, há outros tipos de olhares que merecem destaque, embora não resolvam o problema do controle, começam de algum modo a questionar o poder sobre a mulher, que, aos olhos masculinos, não está totalmente sob controle. É o caso de Machado de Assis, em cuja obra há dois tipos de pontos de vista que observam as mulheres: os primeiros, perpassam os romances românticos, nos quais as personagens femininas estão sob a fragilidade e delicadeza românticas, coordenadas pelas personagens masculinas; nos romances realistas, elas reagem aos esquemas masculinos pela dissimulação, abalando a confiança do macho que acaba por ficar inseguro, como é o caso de Capitu em relação a Bentinho.

Importa também lembrar o romance: *As Vinhas da Ira de John Steinbeck* –, em cujo enredo, devido à perda dos bens pelas adversidades econômicas do início do século XX (craque da Bolsa de Nova Iorque), a família Joad é obrigada a deslocar-se para o Oeste dos Estados Unidos. As mulheres acabam por se tornarem fortes em função

25 A primeira edição de *Fogo Morto* saiu em outubro de 1943.

da sobrevivência da família: a personagem Rose of Sharon, recupera a importância da mulher, quando amamenta o velho para que não morra de fome.

Contudo, os olhares masculinos sobre personagens femininas continuam, mesmo diante de seus anseios de autonomia, a colocá-las em seu devido lugar no patriarcado. A maioria dos olhos masculinos transpõe para os textos, a imagem da mulher tal como a concebem, a partir da visão dos homens inseridos que estão na sociedade patriarcal. A mulher, como fez Alencar em *Senhora*, que é vista por ele de baixo para cima, acaba por ter uma focalização descendente, necessária para o encontro da felicidade. A redenção significa submeter-se à visão que a própria sociedade tem do casamento, o enquadramento da mulher na perspectiva do olhar masculino.

Sob a visão semiológica, os signos verbais, porque não possuem qualquer semelhança com o objeto representado, dependem totalmente da convenção, que permite, a partir da relação entre significante e significado (processo de significação), gerar um conceito na mente de quem deles se utiliza. Dessa forma, a linguagem escrita que se enreda para criar o romance, obedece às convenções do sistema dos signos verbais, assim como às convenções narrativas. Como foi analisado, constata-se que muitas narrativas reproduzem as convenções sociais no processo da significação das estórias, trazendo à tona os múltiplos olhares convencionais sobre a mulher que se revelam: pelas palavras escolhidas, fiéis à realidade que o escritor deseja representar; pelo modo como o narrador vê as personagens (no caso, as femininas); pelo modo como as personagens interagem e veem-se, conforme intenção do escritor; pelo modo como o leitor desvenda as convenções sociais, reafirmando-as ou negando-as. Os signos verbais, embora portadores de convenções, deixam uma boa margem de interpretação ou de crítica, para que o receptor desvele os significados, porque a leitura é solitária e individual e a escrita se emancipa, se desvincula de seu emissor.

Os olhos convergentes do cinema

Até este ponto, foram considerados os olhos que observaram a mulher por meio de registros escritos: o primeiro viu-a com o olhar da ciência que em busca de respostas sobre a condição feminina, mostrou as imagens que a representaram, inserida em contextos sociais marcados por diferentes referências ideológicas: o matriarcado e o patriarcado que prevaleceu; já o segundo, do ponto de vista da Literatura, da arte da palavra, por meio de registro sem qualquer iconicidade, leva a conhecer a mulher por meio dos olhos do narrador, que, a partir da ideologia que lhe impõe o escritor e pelas palavras que este escolhe, indicia a personagem feminina, que se torna imagem em nossa imaginação. Verifica-se que a materialidade visual da escrita (o significante) jamais apresenta traços de semelhança com o que se propõe significar, assim o leitor é que, a partir de suas convenções linguísticas (histórico-sociais, político-culturais) atribui significado ao texto [26]. As convenções sígnicas representam não a originalidade total de cada leitor, mas sobretudo o que se tem em comum com todas as outras pessoas, dentre as quais se insere o escritor ausente do texto, que se emancipou para se colocar à disposição dos leitores com toda sua consciência (conforme o sentido que lhe dá Henri Bergson). Mas não é isso que ocorre com a linguagem do cinema, cuja sequência fílmica realizada pela justaposição de cortes (montagem), leva o espectador a receber as imagens em continuidade narrativa: para que os cortes passem desapercebidos, ele preenche os vazios com suas vivências. Portanto, a narrativa fílmica apresenta-se em função de três pares de olhos, a saber: os do cineasta que impõe sua visão, que é maior porque diretiva; os do *cameraman* que dirige o olho tecnológico; e os do espectador que soma aos quatro anteriores os seus que captam os outros quatro, ou seriam cinco, se contássemos o da Câmera.

Por isso, a imagem recebida por nossos olhos, em geral, já vem direcionada por duas visões, na maioria das vezes, masculinas. Para

26 Jacques DERRIDA, Gramatologia, p.13 — *A linguagem escrita fixaria convenções, que ligariam entre si outras convenções.*

que se entenda melhor, passa-se à análise de películas que posicionam mulheres na sociedade patriarcal, mas cujos diretores são homens. O filme *As Pontes de Madison* (produzido em 1995), dirigido por Clint Eastwood, narra a história de Francesca Johnson (Meryl Streep), uma mulher casada, cuja família viaja e, nessa ausência, ela se apaixona por um fotógrafo do National Geographic: Robert Kincaid, que vai à fazenda onde ela mora, para fotografar as lindas pontes que lá se encontram. Somente após a morte de Francesca, seus filhos encontram as cartas que sua mãe recebia do fotógrafo por quem se apaixonara. Francesca é a imagem de muitas mulheres, cujo amor dentro no casamento já se esvaiu, mas falta-lhes coragem para romper com a relação apenas de aparência e viver um grande amor. A personagem não re-avalia sua condição e opta pela manutenção do casamento, onde o amor não mais existe. Sem dúvida alguma, o ponto de vista do filme reflete a reprodução da posição da mulher que assume o patriarcado, ou seja, submete-se às regras, sem qualquer questionamento. O filme termina, de acordo com a opinião de Mulvey, citada por Kaplan: *se por um lado o melodrama é importante por trazer à tona contradições ideológicas e por ser dedicado ao público feminino, no final os fatos nunca se reconciliam de modo a beneficiar a mulher* (Kaplan, 1995:47). Assim, permanece a ideia de que o sacrifício cabe à mulher, que abandona o grande amor em favor dos filhos, atitude que não é comum entre os homens.

Outro filme que chamou a atenção é *Ponto Final* (*Match Point*), dirigido por Woody Allen. O enredo tem como metáfora visual uma jogada de tênis em que a bola, depois que um dos jogadores a rebate, permanece em cima da rede vindo a cair. O lado em que ela cair, depois de correr em cima de rede, decidirá o vencedor do jogo.

A história se passa em Londres. O personagem principal é o irlandês Chris Wilton (Jonathan Rhys-Meyers), ex-tenista que largou o esporte profissional para dar aulas a executivos em um fechado clube londrino. Um dos alunos é Tom Hewett (Matthew Goode), filho de um rico empresário local (Brian Cox), de quem Chris torna-se amigo, e, por ele, é introduzido no mundo chique da capital inglesa. A irmã de Tom Hewett, Chloe apaixona-se pelo tenista. O romance significa a porta de entrada de Chris para um mundo de luxo e conforto. Mas uma atriz norte-americana sem dinheiro, Nola (Scarlett Johansson), que namora Tom Hewett, exerce forte atração sobre o ex-tenista que prefere a relação estável com Chloe. Nola gosta dele, mas também teme perder a posição conquistada junto aos Hewett. Chris casa-se com Chloe que lhe dá uma situação econômica estável, mas representa a mulher insegura e, de certa forma frustrada, porque deseja engravidar e, não conseguindo, passa a cobrar isso de seu marido. Enquanto a esposa expressa ansiedade em relação a seu desejo, Wilton mantém o romance com Nola, que acaba por engravidar antes da esposa. Ele insiste para que Nola faça um aborto, mas ela se recusa e começa a cobrá-lo de uma decisão a seu favor.

As duas mulheres centrais do filme são vitimizadas pelo cineasta, uma vez que entrega ao homem o poder de decidir sua vida eliminando a mulher empecilho e enganando a esposa, com quem permanece. Pode-se afirmar com Kaplan que Wilton devolve ao espectador masculino *seu ego mais perfeito espelhado, junto com uma sensação de domínio e controle. Para a mulher, ao contrário, são dadas apenas figuras vitimizadas e impotentes que, longe de serem perfeitas, ainda reforçam um sentimento básico preexistente de inutilidade* (Kaplan, p.50).

Assim, a metáfora do início da narrativa: a bola de tênis que corre sobre a rede e que cai aleatoriamente de um dos lados e define o vencedor da partida, no filme, atribui o *macht point* para Wilton, que olha as duas mulheres como objetos de seus desejos e cujo domínio acaba por exercer completamente. A imagem recebida pela espectadora reitera o olhar sobre a mulher, que se submete ao homem na sociedade patriarcal.

Constata-se então que o filme se estrutura a partir do olhar do cineasta que, na narrativa, privilegia o macho no esquema domínio-submissão, quando escolhe a personagem que vai marcar o *match point*, depois há o aparato do olhar da câmera, que incide fortemente sobre a personagem masculina, incorporada aos olhares dos espectadores masculinos (femininos também?) por meio de ícones que reiteram a linguagem de seu inconsciente. Logo, o tempo todo a mulher é objeto do olhar masculino, cujo *poder de ação e de posse faltam ao olhar feminino. A mulher recebe e retorna o olhar mas não tem poder de ação sobre ele* (Idem: p.54). Segundo a autora, as personagens femininas são construídas para serem olhadas e conquistarem o homem submeterem-se, serem objetos da paixão, entregarem-se. As atrizes tornam-se estrelas por meio de suas personagens, ou seja, modelos a serem seguidos por outras mulheres e objetos para serem vistos e cobiçados pelos olhos masculinos. Sem dúvida o cinema exacerbou a relação signo-visão, a profunda interpretação sígnica, dos ícones que causam prazer erótico através dos olhos. A mulher, objeto do *voyeurismo* é uma imagem a ser capturada por olhares: os que dirigem e os que recebem – e não chega a ser um dos sujeitos de uma relação de troca. A iconicidade da imagem transforma a mulher em estrela, ou seja, em símbolo da condição feminina definida pelos olhares masculinos, que expandem a função feminina de modo a torná-la representativa e convencional à medida que corresponde ao que a maioria dos homens espera dela. Diferente da deusa matriarcal, cuja representação se fez conforme as convenções sígnicas estabelecidas pela mulher, e que a torna símbolo de uma época, identidade do poder feminino, o cinema gera um símbolo (a estrela) formado por muitas atrizes, que atendem à padronização das convenções masculinas da sociedade patriarcal. Logo, ambas se opõem inclusive na representação física: aquela obesa e de barriga grande e essa esguia, olhos sedutores, delicada e sensual.

A estrela do cinema representada pela convenção – padrão de mulher que o meio dentro da sociedade patriarcal impôs – situa-se na história que comove, a partir da relação homem-mulher, embora ela se torne objeto do amor masculino. No entanto, um caso talvez mais sério situa-se na publicidade televisiva, onde as mulheres têm partes de seu corpo associadas a objetos, que se transformam em apelo ao consumo masculino.

Os olhos da propaganda

A televisão e o cinema são meios diferentes. As características da TV são: o imediatismo (presentação), pois não possui sequência narrativa e é rápida; a aceleração, que define que a mensagem está fadada ao esquecimento mais rápido etc. Já o cinema usa os vários olhares que incidem sobre o público, que também é *voyeur*, mas cuja recepção se faz a partir dos cortes, tomadas das cenas, cujo intervalo o espectador preenche com suas lembranças, emoções vivências. Enquanto o cinema envolve emocionalmente, aquela é um meio tátil, que utiliza a presentação e a simultaneidade e não a sequência narrativa (a não ser em novelas e minisséries). Considerando as características da televisão, o núcleo da análise incide agora sobre o modo como esse meio propaga a imagem da mulher, principalmente olhando-a a partir da publicidade, que oferece sustentação econômica à empresa televisiva. Portanto, a reflexão detém-se sobre anúncios publicitários, que fazem propaganda de cerveja.

Diferente da propaganda de bebidas alcoólicas como vinhos, conhaque e outras, cujos figurantes são muito pouco numerosos e representam situações elitizadas, ambiente restrito, muitas vezes íntimo, a publicidade preparada como propaganda de cerveja, situa na tela a concentração de um grande número de indivíduos que lá estão em função da aprovação quantitativa da bebida objeto do anúncio. Portanto, o anúncio em questão, dirigido principalmente ao público masculino, concentra uma grande quantidade de homens que estabelecem oposição com apenas uma mulher (não uma qualquer), a atriz Juliana Paes, que atende aos quesitos de beleza padronizados por esse meio. A personagem chega ao local e tenta apanhar o copo de cerveja, mas no momento que ela vai fazer isso, sua roupa fica presa à cadeira e sua nádega começa a ficar exposta, insinuando assim a possibilidade de exposição completa. Aparece o ator Bussunda, que apanha o copo, para que fique mais distante dela, com a intenção de mostrar o desejo de que o desfecho insinuado aconteça.

O anúncio, como a maioria das propagandas de cerveja, apresenta um grande número de figurantes para que se tenha a ideia de aprovação do produto, mas é importante o destaque que se dá à personagem famosa (caso os dois atores) a personagem feminina situa-se novamente como objeto de prazer do homem, mas não a mulher inteira, completa, mas uma parte dela se torna o fetiche do prazer, pois a propaganda lança mão da atração que o brasileiro tem pelas nádegas femininas. Portanto, a era da imagem, o produto a ser consumido associa-se a uma parte do corpo feminino, na qual o olhar da câmera se detém.

Diferentemente do cinema, cujos olhos direcionam a fêmea para a posição de submissão e controle que lhe foi destinada pelo macho, a propaganda situa a mulher, ou seja, uma parte dela como condição *sine qua non* de objeto de prazer. O produto a ser consumido equivale às nádegas femininas. Diante do símbolo da deusa do matriarcado, que trazia em seu corpo os ícones representados, ou a iconicidade de valores. Eram signos dos valores femininos aceitos socialmente [27] , símbolos aos quais se contrapõem as partes do corpo das deusas da era da imagem televisiva: apenas índices, partes de um todo, metonímias que reiteram não o objeto em sua totalidade, mas uma pequena da parte dele que indica para a sociedade do *voyeurismo*, a submissão da mulher às partes de seu corpo, comparadas a objetos desejados pelos fetichistas.

Há outros anúncios: o da Brahma cujo personagem exclusivo, o cantor e compositor Zeca Pagodinho, sempre bebe a cerveja, cercado por uma grande quantidade de figurantes do sexo feminino. Esse anúncio lida com o narcisismo, pois beber a cerveja significa posição social e ser o centro da atenção do objeto-mulher. Nessa linha há ainda a propaganda da Skoll, cujo ambiente é a praia e, no mar, surgem vários tubarões, ou seja, mulheres fantasiadas de tubarão que cercam a personagem masculina que toma a cerveja.

Assim, a mulher é sempre vista como objeto do prazer masculino, parte de um todo cujo núcleo é homem. Ela se tornou índice, parte de um todo social, que ainda a vê submissa ao poder masculino e por ele controlada, como pudemos ver pelas linguagens analisadas.

---

27 A convenção (a aceitação por acordo mútuo dos produtores e receptores dos signos) é uma marca importante do símbolo.

A busca que se pretende não é de forma alguma a do matriarcado, mas uma sociedade que tenha olhos voltados à mulher completa, inteira, capaz de diálogo com o sexo oposto, ambos expressos por signos que procedam à interação, inclusive do olhar.

Referências Bibliográficas

ALENCAR, José. **Senhora**. São Paulo: Ática, 1992.

BARTHES, Roland. **Elementos de Semiologia**. São Paulo: Cultrix/ Editora da USP, 1971.

________. **A Aventura Semiológica**. São Paulo: Martins Fontes, 2001.

BROWN, Dan. **O Código Da Vinci**. Rio de Janeiro: Sextante, 2004.

DERRIDA, Jacques. **Gramatologia**. São Paulo: Perspectiva/Editora da USP, 1973.

FREUD, Sigmund. Fetichismo (1927). *In*: Edição Standard Brasileira das Obras Psicológicas Completas de Sigmund Freud, vol. XXI. Rio: Editora Imago, 1969.

KAPLAN, E. Ann. **A Mulher e o Cinema**: Os dois lados da Câmera. Trad. de Helena Márcia Potter Pessoa. Rio de Janeiro: Rocco, 1995.

LINS, Regina Navarro. **A Cama na Varanda**: Arejando Nossas Ideias A Respeito de Amor e Sexo. Rio de Janeiro: Rocco, 1999.

PEIRCE, Charles Sanders. PEIRCE, C.S. **Semiótica**. São Paulo: Perspectiva, 1995.

SANTAELLA, Lúcia. **A Percepção: uma teoria semiótica**. São Paulo: Experimento, 1993.

_________. & Nöth, W. **Imagem**: Cognição, Semiótica, Mídia . São Paulo: Iluminuras, 1998.

Mídia e Construção de Identidades Sociais

Marlene de Figueiredo Avelar [28]

Introdução

O lugar das mulheres no espaço público foi problemático, pelo menos no mundo Ocidental, o qual, desde a Grécia antiga, pensa mais energeticamente a cidadania e constrói a política com o coração da decisão e do poder. "Uma mulher em público está sempre deslocada", diz Pitágoras. Prende-se à percepção da mulher uma ideia de desordem. Selvagem, instintiva, mais sensível do que racional, ela incomoda e ameaça. A mulher noturna, mais ou menos feiticeira, desencadeia as forças irreprimíveis do desejo. Eva eterna, a mulher desafia a ordem de Deus, a ordem do mundo. (...)
Estas representações, esses medos atravessam a espessura do tempo e se enraízam num pensamento simbólico da diferença entre os sexos, cujo poder estruturante foi mostrado pelos antropólogos.

28 Socióloga, membro do Núcleo de Direitos Humanos e Cidadania de Marília.

Mas assumem formas variáveis conforme as épocas, assim como as maneiras de geri-las [29].

Compreender como tais elementos são transmitidos e interferem na construção de identidades sociais na atual sociedade, principalmente no que toca aos conceitos de masculino e feminino e às relações entre homens e mulheres, constitui o objetivo do presente trabalho. Pretende-se também fomentar uma reflexão de como identidades e valores sociais são reproduzidos e chamar atenção para as possibilidades que o estudo dos símbolos e suas representações sociais podem oferecer para um maior conhecimento sobre relações de gênero, cultura e sociedade.

A mídia de acordo com Moscovici[30] traduz e reinterpreta os valores, comportamentos e pensamentos da cultura dominante.

Para tanto, centraremos a análise em um dos gêneros mais difundidos e populares da mídia – a telenovela. Pois conhecer os modelos femininos que estão sendo propostos pode vir a constituir em um instrumental de grande valia para compreendermos que símbolos e perfis femininos estão sendo valorizados, principalmente no que diz respeito à: mulher e seu corpo – corpo ideal (corte de cabelo,vestuário; expressões corporais etc.); mulher e sua relação com a sexualidade, sexo e o amor; mulher e o poder (no casamento, na família e no trabalho).

Inicialmente faremos uma breve revisão histórica, de como os valores de sociedades anteriores a pós-moderna trabalharam a questão da produção e reprodução de seus símbolos, rituais, valores etc..

Símbolo e Cultura

Em sociedades anteriores à época moderna, os mitos e rituais tiveram um papel importante na transmissão de formas simbólicas

---

29 Perrot, Michele. *Mulheres Públicas.* São Paulo: Fundação, editora da UNESP, 1998. (Prismas) pp. 8-9.

30 Moscovici, Serge, *A Representação Social da Psicanálise.* 1978.

que justificassem toda uma série de valores sociais importantes para a manutenção da ordem e hierarquia social. O mito de origem da sociedade Cabila, demonstra que parece haver uma concordância entre sistema simbólico e processo cognitivo dessa sociedade.

> Foi na fonte (tala) que o primeiro homem encontrou a primeira mulher. Ela estava apanhando água quando o homem, arrogante, aproximou-se dela e pediu de beber. Mas ela havia chegado primeiro e estava com sede. Descontente, o homem a empurrou. Ela deu um passo em falso e caiu por terra. Então o homem viu as coxas da mulher, que eram diferentes da suas. E ficou paralisado de espanto. A mulher, mais astuciosa, ensinou-lhe muitas coisas: "Deita-te, disse ela, e eu te direi para que serve os órgãos". Ele se estendeu por terra. Ela acariciou seu pênis, que se tornou duas vezes maior, e deitou-se sobre ele. O homem experimentou um prazer enorme. Ele passou a seguir a mulher por toda parte, para voltar a fazer o mesmo, pois ela sabia mais coisa que ele, como acender fogo etc. Um dia o homem disse à mulher: "Eu quero te mostrar que eu também sei fazer coisas. Estende-te, e eu me deitarei sobre ti". A mulher se deitou por terra, e o homem se pôs sobre ela. E ele sentiu o mesmo prazer. E disse então à mulher: "Na fonte, és tu (quem dominas); na casa, sou eu". No espírito do homem são sempre estes últimos propósitos que contam, desde então os homens gostam sempre de montar sobre as mulheres. Foi assim que eles se tornaram os primeiros e são eles que devem governar [31].

Para o nosso estudo, o que é importante a ser observado no mito acima descrito é o quanto este retrata e justifica toda uma série de valores sociais importantes para a manutenção de uma certa ordem e hierarquia social. Por meio da transformação de qualidades e aptidões culturais em naturais, a narrativa situa a mulher no âmbito da natureza, ao associar a fonte ao seu local de domínio; o homem é visto

---

31 Bourdieu, Pierre. *A Dominação Masculina*. Rio de Janeiro: Bertrand Brasil, 1999. p. 29.

como um ser naturalmente superior, capaz de domar o selvagem e a natureza, por ser possuidor do dom cultural..

Esta associação do masculino e feminino com a cultura e natureza, traz em sua essência a representação social construída sobre a mulher, sendo o conto bíblico de Adão e Eva um dos exemplos mais conhecidos de nossa cultura Ocidental.

A simples constatação de como tais narrativas tradicionais situam a mulher, não nos interessa tanto, o que temos que considerar é a permanência e as formas que tais concepções foram adquirindo no transcorrer do tempo, bem como os meios utilizados para a transmissão destes valores e crenças.

Conforme Bourdieu [32], os estudos realizados até o momento sobre a relação entre os sexos têm restaurado "o mito do eterno feminino e masculino", sob uma capa científica, na medida em que a força do sistema simbólico reside em sua forma invisível de penetrar no processo cognitivo das sociedades humanas. Ao nosso ver as concepções geradas não são reconhecidas pelos estudiosos do assunto, como deveriam ser, no sentido de se buscar nas atuais relações entre homens e mulheres os vestígios de tais noções.

Indústria Cultural

A partir do século XIX, com o desenvolvimento dos meios de comunicação de massa, tendo em vista principalmente a industrialização crescente das sociedades do mundo ocidental, o papel de transmissão de valores e elementos simbólicos, ficou a cargo de uma indústria cultural que visava e ainda hoje visa, a expansão do mercado consumidor .

Como então as narrativas vão se adequando a uma nova organização social econômica, voltada a um consumo frenético? Pois se antes as narrativas contribuíam para o processo de socialização dos indivíduos, hoje, parece que outros papéis foram a elas incorporados.

---

32 Bourdieu, op.cit.,1999.

O surgimento do folhetim está intimamente ligado com a revolução industrial, que introduz na área cultural uma série de inovações tecnológicas. Foi, no entanto, na sociedade francesa que este gênero floresceu, tendo em vista que, paralelamente ao processo de conquista nas áreas de maquinários e comunicações, ocorreu um crescente movimento de alfabetização, facilitando a expansão da indústria cultural.

Assiste-se no século XIX, ao nascimento de uma cultura de massa orientada por interesses capitalistas que visavam a ampliação e o controle do mercado consumidor, o que modifica a antiga oposição entre cultura erudita e tradição popular.

O gênero folhetim é um exemplo desta cultura de massa que nasce numa época e país (França) considerado ponto de referência do desenvolvimento do capitalismo urbano-industrial.

O folhetim era uma história diária, interrompida em seu momento crucial a fim de despertar no leitor o desejo de continuar a lê-la no dia seguinte. Por se tratar de uma história contada aos pedaços e não em blocos, o autor podia modificá-la conforme as reações do público. Outro aspecto decorrente do formato do folhetim, é que o escritor deixava de ser uma personalidade com estilo próprio, ele devia, pelo contrário adaptar-se ao gosto da grande massa e aos interesses do empresário.

O folhetim surgiu no Brasil quase que na mesma época que na França, porém como cópia, pois aqui no Brasil o processo de desenvolvimento de uma indústria cultural ainda era incipiente, não se constituindo em um reflexo da organização econômica de produção, como na França. A relação do escritor com os empresários possuía características diferentes no Brasil e na França, do mesmo modo que o público atingido por este tipo de literatura era outro aqui e lá.

Em meados da década de 1920, um novo meio de comunicação surge, o rádio, mais poderoso que livros e jornais, devido à rapidez com que as informações são divulgadas, a amplitude do seu alcance, o seu baixo custo e um maior poder de abrangência da população. Com efeito até analfabetos podiam se utilizar deste meio para o seu lazer. As empresas logo investiram neste novo meio para divulgarem seus produtos.

É nos Estados Unidos que o rádio foi explorado primeiro e utilizou mais uma vez o modelo das narrativas folhetinescas. Surgiram assim as soap operas — operas de sabão — financiadas por firmas como Procter and Gable, Colgate-Palmolive e Lever Brothers. O público alvo das soap operas foram as mulheres e traziam à tona temáticas que gozavam das preferências femininas, via de regra eram tramas centradas em conflitos conjugais, ciúmes, maternidade, família, mesclados com questões de preconceitos de classes sociais e ascensão social.

Se por um lado, as histórias tratavam de temas prediletos, por outro lado buscavam na figura feminina a maneira mais eficaz de propagar seus produtos. Este processo constituiu uma das alavancas para a mudança do papel social até então atribuído à mulher, pois cada vez mais surgiram propagandas de diversos produtos e serviços a ela dirigidos.

O sucesso deste gênero na América Latina foi enorme, mas foi em Cuba que tais narrativas mais prosperaram, talvez por ser o país de maior interesse para o capital americano e provavelmente isto explique porque, por volta de 1935, surge em Cuba um novo gênero, a radionovela, — que exportaria para outros países, inclusive o Brasil, livretos, artistas e diretores de rádio.

A radionovela chega ao Brasil em 1941 sob o patrocínio da Gessy-Lever e Colgate-Palmolive e conforme Ortiz[33] a história da radionovela no Brasil está intimamente relacionada com a entrada de multinacionais no País.

O sucesso do gênero é enorme e aos poucos vai se implantando no Brasil um *know-how* sobre o gênero; não tardam a surgir textos escritos por autores nacionais.

A radionovela, de uma certa maneira, vai constituir um ponto de referência para as telenovelas que chegam ao país em 1951.

Existem poucos estudos sobre este gênero, o que já denota um certo preconceito com este veículo. Devido à sua grande popularida-

---

33 ORTIZ, Renato.Telenovela — História e Produção, p. 27.

de, principalmente entre o público feminino, rotulado como pouco exigente por alguns críticos, a radionovela foi considerada um produto de baixa qualidade.

Em 1951, a primeira telenovela é transmitida no Brasil, mas encontrou muitos obstáculos em seu início, pois de acordo com o Ortiz[34] é o pessoal ligado ao rádio que assume o novo gênero. Os atores de teatro, preferiam trabalhar no teleteatro pois na época, era o grande filão de audiência na TV. Um outro aspecto interessante sobre o início da TV no Brasil é que quem financiava eram os lojistas, o novo meio não despertava interesse de grandes patrocinadores, uma vez que a área de abrangência e audiência eram bastante restritos.

Este quadro começa a se transformar a partir de 1960, quando há uma substancial expansão da rede televisiva, porém ainda longe de cobrir todo o País. Mas conforme o veículo vai se tornando um produto de massa, os grandes financiadores entram em cena e com isto a telenovela passa a ser o filé das empresas.

Reaparece o vínculo com a Colgate-Palmolive, e surge uma nova mentalidade de gestão na TV.

> (...)Em 1965 as telenovelas atingem no horário nobre, índices que variam entre 19 e 34%, superando outros tipos de programas (...) e o horário entre 19 h e 20h30, antes preenchido prioritariamente com filmes e telejornalismo, passa a ser ocupado quase que inteiramente pelas novelas, já então suficientemente valorizadas para se fixarem na faixa *prime-time*(...) [35]

Até então grande parte das novelas eram importadas de Cuba e adaptadas à realidade brasileira. No final da década de 60, época do Cinema Novo, do Tropicalismo na música brasileira, assiste-se uma busca de uma identidade nacional na telenovela brasileira, trazendo à tona assuntos polêmicos para o público em geral.

---

34 Ortiz, op. cit., 1991, p. 27.

35 Ortiz, Renato. op. cit.., p. 61.

Entretanto é a partir de 1970, que se consolida a racionalização da produção empresarial na TV e inovações tecnológicas são incorporadas ao campo da comunicação (o sistema de telecomunicações da Embratel), que o gênero se agrega de vez a um processo cultural voltado para um mercado de bens simbólicos. A TV Globo, até então tímida neste processo, utilizando-se das diretrizes dos governos militares que buscam a integração nacional e estimulam a entrada de capital e tecnologias estrangeiras, associa-se ao grupo americano *Time-Live* e cria uma empresa capaz de se adequar às exigências de um capitalismo moderno.

A telenovela passa a ser um produto de maior audiência da TV e também um dos mais explorados para se propagar valores, ideias e mercadorias, quer seja nos intervalos dos capítulos, ou, durante sua exibição .

Renata Pallottini[36], em seu trabalho sobre a linguagem e a estrutura da dramaturgia de teleficção, observa que o público e a própria realidade acabam se tornando coautores da novela, devido às características de sua estrutura, que a autora define como obra aberta. Muitas destas mudanças ocorrem porque, quando uma novela vai ao ar, ela não está fechada, os capítulos não foram todos escritos. Apenas alguns e o restante dos capítulos, podem sofrer influência de aspectos como: pesquisa de opinião pública, festas tradicionais, como é o caso do Natal, ou do Carnaval, desempenho dos atores etc.

Quanto à caracterização dos personagens de uma telenovela, é importante ressaltar que, dependendo de como o autor seleciona suas imagens, dando closes a certos tiques manias, ou destacando atitudes e expressões corporais do personagem, ele induz o telespectador a olhá-lo com crítica, ironia, ou mesmo com simpatia. Alguns personagens são inclusive marcados por um tema musical, que lhe dá o caráter que se associa a ele.

---

36 PALLOTINI, Renata. Dramaturgia de Televisão. São Paulo, Editora Moderna Ltda, 1998. p. 22.

Conteúdos simbólicos valorizado nas personagens das telenovelas analisadas

Considerando a premissa de que a telenovela, ao simular a realidade, a constrói sob a forma de um sistema de representações sociais, a análise de algumas personagens femininas das Telenovelas *Suave Veneno*[37] e *Terra Nostra*[38], poderá propiciar um vislumbre dos tipos de personalidades que são valorizados e desprestigiados na sociedade brasileira do final século XX. Além disto poderá nos oferecer subsídios para uma análise dos elementos simbólicos, principalmente no que toca àqueles que resistem ao tempo.

Das personagens femininas por nós analisadas, o que fica evidente é que as mulheres voltadas exclusivamente para o ambiente doméstico e que dedicam sua vidas a atender às necessidades dos outros, não são aceitas, da forma como o foram no passado.

Este aspecto é evidenciado na personagem de Débora Duarte (Maria do Socorro, em Terra Nostra) e na figura de Eleonor, protagonizado por (Irene Ravache em Suave Veneno). Ambas as personagens representam o papel de mulheres que buscam manter a relação conjugal, mesmo que seja na aparência como também sofrem pressão das filhas para que *mudem* de atitude.

Quanto ao aspecto físico Eleonor, poderíamos dizer que se trata de uma mulher com atitudes e gestos requintados e delicados. Os cabelos são bem curtos e tingidos de loiro. Suas vestimentas são formadas por ternos acinturados, vestidos longos: o tom predominante

---

37 Suave Veneno. Novela de Aguinaldo Silva. Escrita por: Aguinaldo Silva, Ângela Carneiro, Maria Helena Nascimento, Felipe Miguez e Fernando Rabello. Direção Geral: Daniel Filho e Ricardo Waddington. Elenco: José Wilker, Glória Pires, Irene Ravache, Betty Faria, Letícia Spiller e outos. Rio de Janeiro: Rede Globo de Televisão, 1999.

38 Terra Nostra. Autor: Benedito Rui Barbosa. Direção Geral: Jayme Monjardim e Carlos Magalhães. Direção de Produção: Rui Mattos. Elenco: Ana Paula Arósio, Ângela Vieira, Marcelo Antony, Débora Duarte, Carolina Hasting, Paloma Duarte, Maria Fernanda Cândido, Thiago Lacerda, Antonio Fagundes, Raul Cortez e outros. Rio de Janeiro: Rede Globo de Televisão, 1999-2000.

de suas roupas são cores suaves, como pérola, branco, rosa, etc. Sua imagem física, aliada aos gestos, demonstra-nos algumas características de sua personalidade. Uma aparência de mulher moderna, mas em conflito com sua identidade, pois a realidade que vive exige da personagem novas funções para as quais não fora preparada.

Eleonor se apresenta como uma mulher romântica e ingênua. Apesar de não viver com o marido, é dependente da imagem dele e gosta de se apresentar em público com Waldomiro (José Wilker). Isto, entretanto, vai se modificando conforme o desenrolar da trama, pois Eleonor é pega de surpresa quando seu marido, apaixona-se por outra. A realidade, vamos dizer, atropela a personagem; e o modelo de casamento e de mulher passiva, voltada para agradar ao marido e educar os filhos, desmorona. Se antes suas atenções estavam voltadas para atender às expectativas do marido, agora estão voltadas para agradar a sociedade. É a sociedade, o ambiente social, que exige da personagem uma nova postura.

Há uma pressão entre as mulheres para que a mudança ocorra e, no caso de Eleonor, esta pressão é exercida por uma amiga que ridiculariza seu modo inseguro e sonhador no trato com os homens.

Como mãe, desempenha o papel da mulher que dá suporte afetivo e moral para as filhas. Como profissional, quando é solicitada a desempenhar uma função na Empresa da família, tem dificuldades de se impor e tomar decisões, pois os sentimentos falam mais alto.

A figura de Eleonor talvez expresse de maneira bem clara a representação social que o autor deseja fortalecer e também criticar. A ênfase está no ato da mulher ir em busca de sua realização afetiva e sexual, superando os preconceitos existentes contra o relacionamento de um homem e uma mulher fora do casamento ou com grande diferença de idade. Ridiculariza e debocha com cenas de humor, quando a personagem se fragiliza no desempenho dos papéis solicitados.

Quanto à Maria do Socorro, (Débora Duarte), mulher de Gumercindo (Antonio Fagundes), apresenta-se como uma mulher submissa e completamente subjugada às ordens do marido.

Fisicamente é uma mulher robusta. Seus cabelos são presos em forma de coque e suas vestimentas são rústicas, fechadas até o pescoço e escuras, de acordo com a moda do século XIX. Tanto a sua forma de olhar, cabisbaixa, com seus gestos rígidos, denunciam uma personalidade submissa e reprimida.

Os recursos utilizados pelo autor para caracterizar a personagem, através da seleção de imagens e diálogos, maneiras de reagir aos desmandos do marido, são os indicadores do seu olhar crítico sobre esta forma de ser mulher, como também o são as mudanças que vai realizando no perfil da personagem, conforme a trama vai se desenvolvendo.

É, no entanto, em relação ao marido que o perfil criticado pelo autor é mais percebido. Nas questões relativas aos negócios da fazenda e mesmo ao futuro das filhas, é Gumercindo quem decide. Maria do Socorro é a imagem da mulher ausente, que tudo vê, sem no entanto exprimir os seus sentimentos, pois acredita que isto faz parte de seu papel como esposa. O amor, para esta personagem, é sinônimo de renúncia e dedicação exclusiva aos outros. Nesta submissão inquestionável talvez resida o medo de se deixar levar por sua natureza instintiva tão perigosa "aos homens de boa vontade", bem como à culpa de ter nascido mulher. A submissão e a renúncia seriam formas de se purificar.

Quanto ao aspecto sexual, este é digno de nota: a imagem elaborada pelo autor, na relação da personagem com o marido (principalmente no início da trama), é de uma total ausência do elemento sexual; isto nos reporta à força simbólica da imagem da "Virgem Maria", uma mulher que se tornou mãe e que continuou virgem.

Este aspecto, trabalhado pelo autor na figura de Maria do Socorro, personagem de uma época distante da nossa, parece, entretanto, ter permanência ainda em nossa sociedade, apesar da liberação feminina. A frequência com que apareceu no vídeo e o final feliz dado a ela, nos indicam, tendo em vista as pesquisas de opinião pública, que o telespectador teve de alguma forma uma relação de identidade, do contrário teria sido retirada do elenco, através de sua morte, como foi realmente pensado pelo autor. O que levou Benedito Rui Barbosa, a retrabalhar o perfil de Maria do Socorro, ao invés de eliminá-la, tornando-a uma mulher de maior presença junto ao marido, não teria sido justamente a identidade do público com a personagem e a possibilidade de usá-la para defender suas convicções sobre a emancipação da mulher?

A mulher submissa ao marido, passa a questioná-lo e inclusive a mudança de seus hábitos e costumes colaboram para uma transformação do esposo, que passa a ter uma atitude de maior respeito com a mulher.

É importante observarmos que as críticas do autor para com Maria do Socorro dizem respeito ao modelo de ser mulher do século XIX e, durante a exibição da trama, busca readaptar a personagem ao modelo atual, que é apenas uma atualização da imagem simbólica mulher/esposa/mãe/pura para mulher/esposa/mãe/trabalhadora/batalhadora.

No que diz respeito às protagonistas das novelas analisadas, Lavínia (Glória Pires) de Suave Veneno e Giuliana (Ana Paula Arósio) Terra Nostra, ambas são jovens, bonitas, esbeltas, morenas de cabelos longos. Já no que toca aos traços de personalidade, considerando os ajustes realizado pelo autor em Giuliana, uma vez que a personagem não foi aceita pelo grande público, por ser muito dramática e com "síndrome de coitadinha", ambas exibem em seus gestos e atitudes um comportamento objetivo, determinado e lutador. A realização, enquanto mulher, esteve subordinada à figura do homem e à maternidade, considerada como função social maior de suas vidas.

Enquanto mulheres trabalhadoras, com uma atividade remunerada, tanto Lavínia, como Giuliana buscam no trabalho um meio de sobrevivência. O trabalho não é visto, por elas, como forma de realização pessoal, e o ofício não exige qualificação, pois são ocupações voltadas mais para uma economia informal, com maior flexibilidade de tempo.

Minimiza-se, nas tramas, as conquistas das mulheres no mercado de trabalho e sua realização profissional, reforçando a noção, de maneira sutil, de que o importante para mulher é o cultivo da beleza.

Sua consagração está no casamento, ao lado do homem que ama e dos filhos gerados deste amor, e não em atividades em que atributos culturais, seriam solicitados. Nota-se mais uma vez, a permanência do condicionamento cultural solidificada pela revolução científica do século XVII, que identifica o homem com os qualitativos de inteligente, objetivo e criador e a mulher aos de pouca inteligência, pouca racionalidade e subjetivismo.

Nas novelas analisadas, apenas uma personagem possui uma profissão liberal: advogada. A grande maioria exerce atividades de baixa qualificação, como secretárias e empregadas domésticas. E conforme Lukianchuki [39], em sua análise sobre as telenovelas.

> Do ponto de vista do mundo do trabalho, as novelas reproduzem bem os dados sociais. Em 1980, 70% das trabalhadoras se concentravam nas chamadas ocupações femininas. Poucas rupturas de padrões e estereótipos masculinos e femininos. As mulheres em sua maioria são donas de casa, as ricas não trabalham (bibelôs sociais), as que trabalham e estudam são pobres ou de classe média.

As telenovelas trabalham com padrões de comportamento da maioria da população brasileira. Comportamentos e atitudes que rompem com os padrões estabelecidos são por vezes tocados, mencionados, porém, não tratados de forma destacada e contínua.

É evidente nas duas tramas por nós analisadas, que os perfis de mulheres de maior aceitação são aqueles que apresentam um hibridismo de valores, os tradicionais e os requisitados atualmente: individualismo, objetividade, competividade, liberdade sexual.

Estes aspectos são relevantes, pois mostram claramente que os padrões de comportamento e relações sociais que a população e sociedade vai adquirindo, constituem na verdade, um espelho de como o

---

39 LUKIANCHUKI, Claudia. Construção Social da Figura feminina e a família: A representação da mulher nas telenovelas brasileiras nos anos 90. *In*: Bacega, M. Aparecida. O campo da comunicação — Os valores dos receptores da telenovela. Relatório final, Fapesp — Proc. 95/06630, out/98, p. 213.

atual sistema econômico se reorganiza no sentido de obter maiores lucros. No início da colonização no Brasil, era importante manter a mulher dentro da esfera doméstica, para manutenção e fortalecimento da instituição família, pois dela dependia a estabilidade e o crescimento econômico. Com o processo de industrialização e o pós-industrial, a família foi se transformando, de unidades extensas a um núcleo familiar, composto de pai, mãe e um número reduzido de filhos. Atualmente já se constata uma série de outras composições familiares, com um crescente aumento de famílias monoparentais, com chefia feminina. A economia mundial, não necessita mais da união familiar, mas somente de indivíduos competitivos e motivados cada vez mais para o consumo; consumo por informação, objetos etc.

Quanto ao aspecto sexo, é interessante observarmos que o comportamento das protagonistas, nas tramas analisadas são bastante reservados, levando-nos a levantar a hipótese de que o sexo entre mulheres consideradas para formar um lar, está mais voltado para um aspecto sentimental que efetivamente para o prazer. Constatamos também, que parece haver uma identificação das personagens com os papéis sociais que assumem e que de certa formas são rotuladas. Estas identificações estão expressas nas atitudes, comportamentos e, inclusive, nas roupas e estilo de cabelo. Com relação à roupa por exemplo, tomemos mais uma vez as personagens de Lavínia e Giuliana. Lavínia, em geral, apresenta-se de calças compridas e camisa, o que lhe dá o ar de uma moça batalhadora, prática e objetiva. Já os trajes escuros e pesados de Giuliana lhe emprestam a imagem de uma mulher sofredora e séria.

A telenovela, exibindo e valorizando certas formas de comportamento, acaba fortalecendo certos padrões de comportamento entre homens e mulheres. À luz de elementos simbólicos, rotulam as mulheres em categorias, tais como: "aquela é para casar", "aquela é para curtir", "mulher de fibra", porém quase nunca, "mulher/inteligente/casamento".

Os enredos das telenovelas analisadas tendem a explorar temas relativos aos anseios femininos de emancipação; faz-se uma revisão do papel e da imagem mulher, tendo em vista principalmente os valores sociais dominantes: culto ao individualismo, liberdade sexual, competividade, racionalismo etc.

Observa-se, uma homogeneização dos papéis entre homens e mulheres, com a aderência das mulheres aos atributos considerados masculinos culturalmente. Para uma melhor visualização dos atributos acima referenciados, segue esquema traçado por Bourdieu [40], contendo alguns pares que relacionam mulher/natureza e homem/cultura.

CULTURA	NATUREZA
homem	mulher
fora	dentro
leste	oeste
lei	instinto
sol	lua
seco	úmido
reto	curvo
sobre	sob

Considerações Finais

Como vimos no decorrer deste estudo, persiste ainda nas relações sociais entre homens e mulheres, conceitos enraizados em um sistema simbólico que caracteriza o feminino como algo natural/irracional, instintivo/selvagem. Concepções, estas, típicas de nossa sociedade ocidental e predominantemente masculina.

No diálogo que a protagonista Lavínia da telenovela, Suave Veneno, tem com seu parceiro, Waldomiro, é mostrado o quanto esta concepção de feminino, acima especificado está enraizado em nossas atitudes do cotidiano.

---

40 BOURDIEU, Pierre. A Dominação Masculina. Rio de Janeiro: Bertrand Brasil. 199, p.19.

Lavínia — (...) Eu não tenho medo de voz grossa.

Waldomiro — (...) Como vai se expor com esta barriga(...)

Lavínia — (...) Isto é problema meu!

Waldomiro — (...) Eu vou te fazer muito feliz (...) [41]

Estes fragmentos nos indicam, como na sociedade pós-moderna ocidental, as relações de poder se estruturam. No caso específico que estamos analisando, o discurso de Waldomiro é no sentido de fragilizar a personagem. Além disto, o diálogo nos favorece uma análise de como são as conversações entre homens e mulheres. Invariavelmente, a mulher se deixa levar pela emoção, sendo a tonalidade de voz um indicativo, enquanto o homem contra-argumenta, através de artifícios racionais e objetivos. Lavínia, por exemplo, através da alteração de voz, busca se impor e se defender, quando diz "eu não tenho medo de voz grossa". Nesse momento, ela parece trazer à tona toda uma forma de submissão que muitas mulheres são submetidas: a voz grossa, firme e o tom de verdade que se pretende imprimir nestas vozes grossas e firmes.

O diálogo acima analisado, poderia também estar representando a comunicação entre aqueles que, independentemente do sexo, se submetem e aqueles que dominam, e como vimos em nossa análise, os atributos daqueles que dominam são geralmente pessoas que se identificam com os atributos masculinos, quer seja homem ou mulher.

Entretanto, apesar desta uniformização de valores, assiste-se na sociedade atual uma busca por identidades locais, tanto a nível cultural, como social e político. Além disto, observa-se uma conscientização crescente à nível planetário da importância da biodiversidade para a vida no planeta. Tais movimentos, podem indicar o início de uma ruptura com um sistema predominantemente masculino e a possibilidade da construção de uma sociedade em que as diferenças de gêneros sejam tratadas e vistas sob a égide de um novo paradigma.

41 Aguinaldo SILVA, novela Suave Veneno.1999.

Estudos recentes de antropólogos têm evidenciado que em épocas anteriores a atual civilização, tanto as divindades femininas como as masculinas foram reverenciadas, indicando inclusive que o modelo de relações sociais nestas civilizações, ao contrário que alguns estudiosos afirmaram, sociedades matriarcais onde as mulheres subordinavam os homens, as relações eram mais igualitárias.

Esta visão de mundo, sociedade dominadora, que sempre um grupo dominou outro, parece ser específico da atual civilização. As sociedades anteriores foram até então, interpretadas segundo a ótica e visão de mundo de culturas autoritárias e masculinas, pois se desconhecia outras formas de relações sociais.

O que na verdade as recentes descobertas arqueológicas evidenciam, é que as sociedades anteriores ao patriarcalismo, revelam uma cultura em que as relações entre os gêneros eram mais equilibradas, no sentido de que as diferenças entre homens e mulheres não impunham relações autoritárias. Conforme salienta Eisler [42]

> Este novo conhecimento a respeito de um época anterior àquela em que poderes divino e temporal estavam associados a pais, reis e senhores todo-poderosos tem implicações nitidamente importantes para arqueólogos, estudiosos de mito e eruditos religiosos. Porém, como foi o caso com outras transformações científicas paradigmais, suas implicações revolucionárias são ainda maiores para a sociedade como um todo. Colocam em discussão os próprios fundamentos de um sistema de cinco mil anos, no qual o mundo era concebido como uma pirâmide regida do alto por um deus masculino, com as criaturas feitas à sua imagem (homens), por sua vez divina ou naturalmente ordenada para governar mulheres, crianças e o resto da natureza: um sistema marcado pela guerra crônica e pela equiparação da "masculinidade" com dominação e conquista — sejam de mulheres, de outros homens ou da natureza.

---

42 Riane, EISLER. A Deusa da natureza e da espiritualidade. Um manifesto ecológico. *In*: CAMPBELL, Joseph. *et. al.*.Todos os nomes da deusa. Rio de Janeiro: Rosa dos Tempos, 1997. p. 23.

O contato com estas descobertas arqueológicas e de outras ciências, principalmente no que toca às pesquisas dos sumerólogos [43], desconhecidas até então pela sociedade ocidental, podem incentivar reflexões profundas sobre a questão do feminino e masculino. O sistema simbólico dos Sumérios no que diz respeito às divindades, principalmente no que se refere à Deusa Inana [44], é muito revelador, pois nos mostra o quanto os atributos desta divindade foram despotencializados pela história de nossa cultura. As qualidades de Inana, como a ousadia, coragem, sedução, esperteza, confiança, sensualidade, sexualidade e fertilidade, foram fracionadas e assumidas por outras divindades, principalmente masculinas. E estabelecendo um paralelo com a situação da mulher em nossa sociedade, constataremos que as qualidades consideradas femininas foram, assim como as da Deusa dos sumérios, comprimidas. Pela repressão, a alegria foi rebaixada à mera frivolidade, a sensualidade tratada como coisa de prostituta e a vitalidade curvada sob o peso das obrigações e da obediência.

É curioso que, numa passagem do mito de Inana, a deusa queixa-se, num tom lamentoso, da perda de sua casa por um Deus.

> Encheu a mim, a rainha do céu, de consternação....
> Eu, a mulher que vai de uma extremidade à outra da terra —
> Diga-me, em que cidade poderei viver...
> Eu, tua filha... a hieródula, a noiva dele, diga onde é minha casa(...) [45]

Este poema, ao nosso ver, constitui um espelho de como nós mulheres, estamos igualmente distantes de nossos corpos (nosso lar). Filhas do patriarcalismo, nossos desejos e necessidades foram subjuga-

---

43 Estudioso que investiga documento descobertos na Mesopotâmia, principalmente, placas de argila cobertas de caracteres cuneiformes e escritos em língua Suméria.

44 Segundo Kramer, op.cit., Deusa sumeriana dos primórdios da civilização, considerada Deusa do amor e da guerra.

45 Kramer, op. cit., p. 92.

dos, assim como foi a deusa hebraica despontencializada. Deusa cujos poderes e atributos, conforme os estudos de Kramer, constituíam o referencial do feminino.

Para finalizar, esperamos que este estudo contribua para que tanto as mulheres como os homens revejam as posições convencionais a respeito de questões básicas – como por exemplo, o que é o masculino e o feminino, no sentido de possibilitar opções criativas, para as relações entre homens e mulheres.

Acreditamos também, que vivemos em um momento que é crucial para revermos a forma como as relações entre os gêneros estão sendo expressas em nossa cultura, pois constitui em uma das relações fundamentais de nossa sociedade.

> A maneira como uma sociedade estrutura as relações humanas mais fundamental – as relações entre a metade feminina e masculina da humanidade sem as quais a nossa espécie não poderia sobreviver – tem grandes implicações para a totalidade de um sistema social. Afeta nitidamente os papéis individuais e as opções de vida tanto das mulheres quanto dos homens. Igualmente importante, embora até agora raramente observado, é que também afeta profundamente todos os nossos valores e instituições sociais – se uma sociedade será pacífica ou guerreira, equilibrada ou autoritária e se viverá em harmonia com o nosso meio ambiente ou se empenhará em conquistá-lo[46].

E como não se faz histórias como antigamente, reproduziremos a seguir um poema de amor, talvez um dos mais antigos poemas de amor escrito por mãos humanas. Trata-se de um cântico sumério, recitado durante a celebração do mais sagrado dos antigos ritos, o rito do casamento [47].

---

46 RIANE, Eisler. A Deusa da natureza e da espiritualidade. Um Manifesto Ecológico. *In*: Campbell, Joseph, et al.. Todos os nomes da Deusa. Rio de Janeiro: Rosa dos Tempos. 1997. pp. 23 e 24.

47 Kramer, N., Samuel. A história começa na Suméria. Publicações Europa-

Noivo, caro ao meu coração.
Agradável é a tua beleza, doce mel.
Leão, caro ao meu coração.
Agradável é a tua beleza, doce mel.

Tu cativaste-me, deixa-me permanecer tremente perante ti.
Noivo, eu deixaria que me levasses para o quarto
Tu cativaste-me, deixa-me permanecer tremente perante ti,
Leão, eu deixaria que me levasse para o quarto.

Noivo, deixa que te acaricie.
A minha preciosa carícia é mais saborosa que o mel.
No quarto o mel corre,
Desfrutemos a tua agradável beleza,
Leão, deixa-me acariciar-te,
A minha preciosa carícia é mais saborosa do que o mel,

Noivo, tu de mim tomaste o teu prazer.
Diz a minha mão, ela far-te-á gentilezas.
O meu pai, ele dar-te-á presentes.

O teu espírito, eu sei onde recrear o teu espírito,
Noivo, dorme na nossa casa até o amanhecer,
O teu coração, eu sei onde alegrar o teu coração,
Leão, dorme na nossa casa até o amanhecer.

Tu, porque me amas,
Dá-me o favor das tuas carícias,
Meu senhor deus, meu senhor protector,
Meu Shu Sin que alegra o coração de Enlil,
Dá-me o favor das tuas carícias,

América, Ltda. Portugal, 1997, p. 250.

O teu lugar agradável como mel, por favor estende (a tua) mão sobre ele,
Traz (a tua) mão sobre ele, como um traje gishban, Cola (a tua) mão sobre ele como um traje gishban-sikin.

Referências Bibliográficas

AMENO, Angelita. **Crítica à tolice feminina**. Rio de Janeiro: Record, 2001.

ALVIM, Zuleika, M. **Brava Gente – Os Italianos em São Paulo – (1870 – 1920)**. São Paulo: Brasiliense, 1986.

ARAGÃO, Luiz, Tariei. **A dessacralização do sexo e o sacrifício de mulheres**. Religião e Sociedade, n. 6, 1980.

ARY, Zaira. **Masculino e feminino no imaginário católico**. São Paulo: Annablume, 2000.

AUGÉ, Marc. Guerra dos Sonhos: **Exercícios de Etnoficção**. Campinas, São Paulo: Papirus,1998.

BACCEGA, Maria, Aparecida. **Telenovela e Sociedade**. São Paulo: Núcleo de Pesquisas e Telenovelas, ECA-USP. Apresentado no XX Congresso da Intercom – Santos, 1997.

BALANDIER, Georges. Antropológicas. São Paulo: Cultrix, Ed. Da Universidade de São Paulo, 1976.

BERNARDES, Maria Thereza Caiuby Crescenti. **Mulheres de Ontem?** Rio de Janeiro: Séc. XIX. São Paulo: T.ª Queiroz, 1988.

BONACCHI, Gabiella., GROPPI, Ângela (org.). **O Dilema da Cidadania – Direitos e Deveres. São Paulo**: UNESP, 1995.

BOURDIEU, Pierre. **A Dominação Masculina**. Rio de Janeiro: Bertrand Brasil, 1999.

CAMPBELL, Joseph *et.al.* **Todos os nomes da deusa**. Rio de Janeiro: Rosa dos Tempos, 1977.

CARSON, C. **Entrelaçando Consensos**. Cadernos Pagu – fazendo história das mulheres. Unicamp, Campinas, n. 4, s.d.

CARVALHO, Edgard, Assis (org.). São Paulo: Livraria Editora Ciência Hermano LTDA., 1978.

CASTELS, Manuel. **O Poder da Identidade**: A era da informação; Economia, Sociedade e Cultura. São Paulo: Paz e Terra, v. 2, 1999.

COSTA, Maria Cristina Castilho. A **milésima segunda noite**: da narrativa mítica à telenovela: estudo estético e sociológico. São Paulo: Annablume, 2000.

DE MASI, Domenico (org.). **A Emoção e a Regra. Os Grupos Criativos na Europa de 1850 à 1950**. 5ª. ed. Rio de Janeiro: José Olympio, 1995.

DURKEIM, Émile. **Sociologia e Filosofia**. Rio de Janeiro: Forense, s.d.

GEERTZ, Clifford. **A interpretação das Culturas**. Rio de Janeiro: Guanabara Koogan, 1989 [1973].

FADUL, Anamaria.; MCANANY, Emile., MORAES, Ofélia Torres. **A Evolução das Temáticas Sócio-Demográficas nas Telenovelas Brasileiras (1970-1995)**. Documento de trabalho. Núcleo de Pesquisa de Telenovela — NPTN —ECA/USP, 1986.

FREYRE, Gilberto. **Casa Grande e Senzala**. Rio de Janeiro: Livraria José Olympio Editora, 1958.

________. **Introdução à História da sociedade Patriarcal no Brasil. Sobrados e Mucambos — Decadência do Patriarcado Rural e Desenvolvimento Urbano**. Rio de Janeiro: Livraria José Olympio Editora, 1968. 2v.

GUARESCHI, Pedrinho; JOVCHELOVITCH, Sandra(orgs.). **Textos em Representações Sociais. Petrópolis**: Vozes, 1995.

HITA, M.G. **Gênero Ação e Sistema**: A reinvenção dos sujeitos. Lua Nova – revista de cultua e política, n. 43, 1998.

KRAMER, Samuel, Noah. **The Sumerians**: University of Chicago, 1963.

________. **A História Começa na Suméria**: Publicações Europa-América, 1997.

LÉVI-STRAUSS, Claude. **As Estruturas Elementares do Parentesco**. Petrópolis: Vozes; São Paulo: Ed. da Universidade de SP, 1976.

LIMA, Solange Couceiro. **O Negro na Telenovela**. Notícias FAPESP. Caderno de Comunicação. USP, São Paulo, 31, mar. 98.

LOPES, Maria Immaculata, V. **Recepção de Telenovela**: Uma Exploração Metodológica. Projeto de Pesquisa. ECA/USP. São Paulo, v.2, 1999.

LUKIANCHUKI, Claudia. Construção Social da Figura feminina e a família: A representação da mulher nas telenovelas brasileiras nos anos 90. *In*: Baccega, M. Aparecida. **O campo da comunicação – Os valores dos receptores da telenovela**. Relatório final, Fapesp – Proc. 95/06630, out/98.

MALCHER, Maria Ataíde. **A Legitimação da telenovela e o Gerenciamento de sua Memória**: o núcleo de pesquisa de telenovela da ECA — USP/SP. Dissertação apresentada para obtenção do título de mestre, sob a orientação da Prof. Dra. Anamaria Fadul, 2001.

MATTELART, Michele e Armand. **O carnaval das imagens**: a ficção na TV. São Paulo: Brasiliense, 1989.

MARTIM & VOORHIES. **La Mujer, Um Enfoque Antropológico**. Barcelona: Editorial Anagrama, 1978.

MOSCOVICI, Serge. **Sociedade Contra a Natureza**. Petrópolis/RJ: Vozes, 1975 [1972]

_________. **A Representação Social da Psicanálise**. Rio de Janeiro: Zahar Editores, 1978.

_________. **A Máquina de Fazer Deuses**. Rio de Janeiro: Imago., 1990.

ORTIZ, Renato; Borelli, Silvia H.Simões e Ramos, J. M. Ortiz. **Telenovela**: História e Produção. 2ª. ed. São Paulo: Brasiliense, 1991.

PALLOTTINI, Renata. **Dramaturgia de Televisão**. São Paulo: Moderna, 1998. Pesquisa Fapesp-junho de 2000.

PERROT, Michelle. Dossiê: **História das Mulheres no Ocidente – Escrever uma história das mulheres; relato de uma experiência**. Cadernos Pagu – fazendo história das mulheres, Unicamp, Campinas, nº 4, 1995.

_________. **Mulheres Públicas**. São Paulo: Fundação Editora Unesp, 1998.

SPINK, Mary Jane. (org.). **O conhecimento no cotidiano: as representações sociais na perspectiva da psicologia social**. São Paulo: Brasiliense, 1995.

SCHWARTZ, Lilia, Moritz (org.). **História da Vida Privada no Brasil**: contraste da intimidade contemporânea. São Paulo: Companhia das Letras, 1998.

SCOTT, J. **Gender**: An Useful Category of Historical Analyses. Gender the Politics of History. New York. Colombia University Press. 1989.

SODRÉ, Muniz. **Televisão e Psicanálise**. São Paulo: Ática, 1987.

_________. **Reinventando a Cultura**: "Um romance familiar". Petrópolis: Vozes, 1996.

SUBIRATS, Eduardo. *A Cultura como Espetáculo*. SP.. Nobel, 1989.

SAFFIOTI, H; Benoit, L. e Moraes M.L. **"Dossiê" – Marxismo e Feminismo**. Revista Crítica Marxista, nº 11, 2000.

TODOROV, T. **A Vida em Comum**. Campinas: Papirus, 1996[1993].

THOMPSON, J.B. **Ideologia e Cultura Moderna**: teoria social crítica na era dos meios de comunicação de massa. Petrópolis: Vozes, 1995.

Referências não acadêmicas

Telenovela: Suave Veneno. Autor: Aguinaldo Silva. Direção geral: Daniel Filho e Ricardo Waddington. Direção de Produção: Ruy Mattos. Rede Globo de Televisão, 1999.

Telenovela: Terra Nostra. Autor: Benedito Ruy Barbosa. Direção Geral: Jayme Monjardim. Direção de Produção Ruy Mattos. Rede Globo de Televisão, 1999-2000.

Movimento Feminista e Mídia: Encontros e Desencontros

Tânia Suely Antonelli Marcelino Brabo[48]

Introdução

Há muito o Movimento Feminista tem reivindicado a promoção de debates sobre a imagem da mulher veiculada pela mídia, sobretudo, pela TV. Em 1997, o Cfemea – Centro Feminista de Estudos e Assessoria, localizado em Brasília, juntamente com a Rede Nacional Feminista de Saúde e Direitos Reprodutivos, convidaram jornalistas conceituados do país para discutir o tema com ativistas feministas de renome nacional.

O evento teve como principal objetivo promover a reflexão sobre as seguintes questões: relevância da temática de saúde da mulher, sexualidade e direitos reprodutivos na agenda da mídia; como esta-

48 Docente do Departamento de Administração e Supervisão Escolar-UNESP/ Campus de Marília; Vice-Coordenadora do Núcleo de Direitos Humanos e Cidadania de Marília.

vam sendo comunicados temas como planejamento familiar, legalização do aborto, AIDS e doenças sexualmente transmissíveis; como era tratada a questão da educação sexual; avaliação da relação das ONGs feministas com a mídia.

Tendo como ponto de partida as reflexões elaboradas pelos envolvidos no evento e das constatações de uma pesquisa em desenvolvimento sobre o tema, apresento, neste texto, considerações preliminares acerca da relação entre a mídia e o movimento feminista bem como o uso da imagem da mulher pela mídia.

Acredito que os pontos aqui levantados para reflexão possam incentivar o debate sobre a relação entre a mídia e movimentos de mulheres e, desta maneira, mostrar a necessidade de recuperação e/ou ampliação dos espaços conquistados pelos movimentos feministas nas décadas de 1970 e de 1980 pois, constata-se que, por vezes, a contribuição destes movimentos sociais para a garantia dos direitos das mulheres e para a mudança das relações sociais de gênero, não é considerado ou valorizado pela mídia. Frequentemente, observa-se, na mídia impressa até em revistas femininas, uma desvalorização do *ser feminista*, desconsiderando a luta e a importância deste movimento social político contemporâneo. Além do mais, apesar de contribuir para a discussão de questões relacionadas à problemática feminina e das relações de gênero, o mal uso da imagem da mulher em propagandas, por exemplo, é uma constatação tanto na imprensa quanto na TV que contribuem para o perpetuar da subordinação e inferiorização da mulher. Assim, iniciaremos com uma breve reflexão acerca do papel do movimento feminista no Brasil e no Estado de São Paulo, antes de abordar a relação entre o movimento e a mídia.

Breves reflexões sobre o papel do movimento feminista no Brasil e no Estado de São Paulo

Antes de refletirmos sobre a relação do movimento feminista com a mídia, resgataremos algumas questões que dizem respeito ao papel do movimento feminista no processo de redemocratização no Brasil e, especialmente, no Estado de São Paulo. Para tanto, há que se considerar a gênese das ações e ideias que levaram, na sociedade contemporânea, ao nascimento do *movimento feminista*.

Considerando que a globalização do mundo contemporâneo e suas revoluções tecnológicas parece estar deixando cada vez mais longe a concretização desse ideal de sociedade democrática em seu sentido amplo. Pesquisas mostram que, nessas sociedades, nota-se a perda do sentido de uma cultura pública, há a tendência à individualidade, as pessoas perderam a capacidade de interagir coletivamente. Segundo alguns autores, a crise contemporânea é global porque atinge de forma inusitada quase todas as instituições do mundo moderno (a política, a cultura, a economia, a família, a escola, o mercado, a vida pública e privada), e, também, porque tira a confiança na capacidade de sua resolução.

Os movimentos sociais (re)nasceram nesse mundo em crise e vêm representando o outro lado da crise contemporânea, criando novas dinâmicas políticas, novas instituições de significado social, novos discursos, novas formas de conflito e de sociabilidade capazes de se contrapor à crise. Durante a maior parte da década de 1980, embora tenham origem e trajetórias muito anteriores, entram em cena o movimento de mulheres, o movimento negro, os movimentos sociais do campo e o movimento dos povos indígenas, desvendando um processo que se refere à experiência democrática, ou seja, a existência de conflitos múltiplos cuja legitimidade forma a própria possibilidade de uma democracia real (FURLANI, 2005).

O movimento de mulheres foi o primeiro a mostrar a viabilidade de desenvolver práticas democráticas de ação vinculadas a identidades diferenciadas demonstrando que conflito/diálogo só se fazem se a ação for constantemente significada pelos participantes. Também trouxe à tona o modo como a sociedade brasileira vivia suas representações e organizava as oportunidades sociais, segundo uma desigualdade ideológica, simbólica. Isto abriu uma nova forma de se relacionar o político e o social, pela modificação de sua cultura política.

Numa sociedade duramente hierárquica e autoritária, o movimento feminista criou uma "nova política" (PAOLI, 1995).

Os movimentos sociais abriram dois caminhos: o primeiro, por sua atuação na transformação da cultura política autoritária, obrigando à negociação, no espaço público da sociedade. E, o segundo, pela força que nascia da sua articulação, ampliada pela associação com várias entidades civis (e seus assessores, intelectuais e juristas levando seus questionamentos às arenas públicas – em debates, com folhetos, artigos, teatro, notícias em toda a imprensa, fóruns etc.), em ambos os caminhos era toda a sociedade que reivindicava os direitos humanos e da cidadania.

Apesar desse importante papel, no cenário atual, parece que o ideal de democracia e de cidadania, embora garantido em termos legais e muito forte nos anos de 1980 e nos de 1990, na prática, parece estar cada vez mais longe, pelos efeitos da globalização do mundo contemporâneo e suas revoluções tecnológicas, pelo ideário neoliberal que influenciou até as políticas públicas e educacionais implementadas nos anos de 1990. Pesquisas mostram que em algumas sociedades democráticas nota-se a perda do sentido de uma cultura pública, há o desencanto com a democracia e com a política, ao mesmo tempo, há a tendência à individualidade, as pessoas perderam a capacidade de interagir coletivamente. Neste contexto, comprova-se que os movimentos sociais muito ensinaram e que ainda têm um importante papel a desempenhar para a concretização da sociedade justa e democrática. Por tal razão, ainda que brevemente, abordaremos no próximo tópico, o exercício de cidadania dos movimentos sociais, em especial, do movimento feminista.

1 Movimentos sociais: a cidadania em desenvolvimento

Conforme afirma Blay (2002, p. 9), a história das mulheres no mundo capitalista e socialista, ocidental e oriental, é marcada pela discriminação.

> Diferenças sexuais foram pretexto para definir relações hierárquicas, homens nas posições de dominação e mulheres subordinadas. Esta relação de dominação-subordinação, marcada pela condição de gênero, repete-se entre e dentro das classes sociais, nos grupos étnicos e entre gerações. Nas sociedades capitalistas, homens brancos e de elevadas posições econômicas situam-se no alto da pirâmide de poder, mulheres brancas e de alta posição econômica têm maior poder que os homens de qualquer outro grupo étnico mesmo que economicamente bem situados [...]. As mulheres negras e pobres são as que se situam nas posições mais baixas desta hierarquia.

No século XX, mesmo com a implantação de Programas de Direitos Humanos (direito ao trabalho à educação, à participação, à liberdade, à saúde, a uma vida digna e de respeito às diferenças). Após vinte anos da promulgação da Constituição da República Federativa do Brasil, de 1988 (que garante os direitos sociais, civis e políticos), ainda assistimos à continuidade do desrespeito aos direitos humanos de todos/as e ao preconceito ainda presente nas relações humanas.

Conforme Furlani (2005), a partir da segunda metade do século XX, os movimentos sociais de contestação e resistências aos modelos sociais excludentes e autoritários apresentaram inúmeras demandas próprias que deveriam se constituir em políticas públicas que respondessem a essas demandas. Também no Brasil, esses movimentos estão presentes, aprofundando o debate sobre a questão da *igualdade* e da *diferença*, sobre as especificidades dos novos *sujeitos de direitos*.

Ainda de acordo com Furlani (2005, p. 219), nos anos de 1980 e 1990, vários trabalhos a partir da crítica pós-estruturalista apontavam para a "crise do sujeito e das instituições modernas, decorrente do esgotamento e da insuficiência das ideias da Modernidade e das categorias do Iluminismo (o sujeito único, a razão, a totalidade, o progresso)".

O século XXI se inicia com avanços quanto à nossa interação com o meio social e tecnológico, contudo uma marca é a exploração e dominação do ser humano num mundo globalizado, onde a exclusão e a negação de direitos se acentua. Assistimos ao aumento do desemprego, da pobreza e da desigualdade; culturalmente, a perda de referências comuns levou a uma intolerância generalizada, a dúvidas sobre os valores fundamentais e à descrença quanto ao poder do coletivo.

Paoli (1995) afirma que, nesse mundo em crise, nasceram os movimentos sociais. Ao longo de mais de vinte anos de seu surgimento – intermitente e descontínuo - estes novos movimentos estabeleceram um novo tipo de imaginação política, nasceram no campo da ação coletiva e entraram no debate político das sociedades contemporâneas pois a globalização e suas revoluções tecnológicas geram incertezas quanto a um futuro justo e igualitário.

Ainda conforme Paoli (1995, p. 30)

> Sua presença como potencial político inovador sobre a sociedade e a cultura se fez notar na segunda metade dos anos 70, e seus atores foram principalmente dois: de um lado, grupos de operários fabris que, alguns anos antes, haviam feito greves relativamente independentes dos seus sindicatos e correntes políticas nele atuantes; de outro, grupos de moradores de bairros desprivilegiados que se organizaram para conquistar novos modos de conseguir melhor qualidade de vida, entre os quais um movimento que pedia autonomia administrativa do bairro. Em ambos os casos, a questão era deslindar o caráter de práticas coletivas que expressavam um sentido instituinte de novas relações com as instituições de representação (sindicatos e associações locais), com o governo (do período militar) e, não menos, com a herança do passado populista.

Durante a maior parte da década de 1980, outros movimentos sociais, com novos atores, ocuparam também o cenário político: o movimento de mulheres, o movimento negro e os movimentos sociais do campo, além do movimento dos povos indígenas. Entram em cena no espaço público, mostrando a existência de conflitos múltiplos, do preconceito e do aviltamento de seus direitos.

O movimento feminista foi o primeiro a mostrar a viabilidade de desenvolver práticas democráticas (conflito/diálogo) de ação. Também trouxe à tona o modo como a sociedade brasileira vivia suas representações e organizava as oportunidades sociais, segundo a desigualdade ideológica, simbólica.

Isto abriu uma nova forma de relacionar o político e o social, pela modificação da cultura política, além disso, políticas públicas foram criadas como resultado dessa interlocução entre movimento e Estado. O movimento feminista desvelou uma sociedade duramente hierárquica, autoritária e preconceituosa, na qual as relações sociais de gênero são desiguais. Reivindicando os direitos humanos e a cidadania, criou uma *nova política*, que foi exercida em todos os âmbitos da sociedade, inclusive na educação e no partido político. Na atuação dos movimentos, era toda a sociedade que clamava pelos direitos humanos e a cidadania (PAOLI, 1996).

Apesar de estarmos reportando-nos aos anos de 1980 e 1990, não podemos esquecer que, mesmo antes de 1975 (Ano Internacional da Mulher), no Brasil, já estava sendo gestado o movimento feminista que tomou corpo na década de 1970, quando foi mais incisivo. Tabak (2002, p. 31) mostra que ainda durante o Estado Novo de Vargas, com o esforço para a entrada do Brasil na guerra, pelo envio das Forças Expedicionárias Brasileiras para lutar na Europa, ao lado das forças aliadas e contra o nazismo, houve estímulo que resultou num "ressurgimento da ação organizada das mulheres, no Rio de Janeiro e em muitos outros Estados [...] no Rio foi através da Liga de Defesa Nacional que essa ação se desenvolveu [...]".

Temos ainda a considerar que, na década de 1970, as mulheres se tornaram visíveis na sociedade e na academia, na qual os estudos sobre a questão da mulher eram marginalizados na maior parte da produção e na documentação da história oficial. A iniciativa das teóricas feministas não ocorreu sem tensão, é preciso destacar o papel imprescindível delas também no âmbito das Universidades. No Dicionário de Mulheres (2000) podemos encontrar parte da história de luta da jovem professora Eva Alteman Blay, para que o tema *mulher* tivesse o mesmo *status* que outros temas, naquele momento já consolidados. Avelar, ainda em 2002, se refere a este respeito dizendo que há resistência também junto aos cientistas políticos em aceitar a mulher como objeto de estudos.

Cabe ainda acrescentar que, conforme assinalado por Costa (1992), o movimento feminista, na década de 1970, era composto predominantemente por mulheres pertencentes aos partidos de esquerda. Todas se uniram em oposição ao governo autoritário, a favor da anistia política e pela retomada da democracia acreditando que, com tais mudanças, o problema das mulheres se solucionaria. Com a possibilidade de se redefinir a opção partidária, aparentemente, a questão da mulher ficou em um segundo plano e houve uma separação das militantes feministas que, a partir deste momento, ajudaram a fundar os partidos políticos e passaram a militar neles, e com isto o movimento organizado, por um período de tempo, pareceu se dispersar.

No início da década de 1980, a criação de novos partidos trouxe para as feministas novas abordagens no que se refere à relação das mulheres com o poder, particularmente com o poder político. Conforme Borba (1998), passou-se da fase da denúncia das discriminações e exigência de transformações para a fase de propostas de implementação de políticas públicas que visassem à participação da mulher no poder.

Uma das grandes discussões presentes no debate das feministas a partir dos anos de 1980 diz respeito à criação de órgãos voltados para a defesa dos direitos da mulher, dentro do aparelho do Estado. Um deles seria o Conselho de Direitos, que é um órgão democrático de participação da sociedade civil. Tem como objetivo principal, participar do processo de elaboração e implementação de políticas públicas, assessorar e fiscalizar as ações do executivo nos níveis nacional, estadual e municipal (BRABO, 2005).

Não havia consenso a este respeito, e as mais radicais temiam, com a incorporação pelo Estado das demandas feministas, desvirtuar todo o trabalho já realizado pelas bases autônomas de mulheres. Nessa linha de pensamento, conforme Goldenberg, Toscano, (1992, p. 42)

> [...] passar a questão da mulher à tutela do Estado significava renunciar à luta pelo fim da sociedade patriarcal e considerar que nossos problemas seriam resolvidos através de pequenas reformas e concessões manipuladas pelos homens, [...] De outro lado, aqueles grupos que defendiam a adoção de políticas mais realistas, com a participação crescente das militantes feministas no sistema de poder, afirmavam ser essa a única opção que permitiria às mulheres condições imediatas de se integrarem plenamente à sociedade, em pé de igualdade com os homens, já que só o Estado disporia de recursos suficientes para implementar projetos de ação mais ambiciosos.

Entretanto, com a criação dos Conselhos da Condição Feminina, Nacional e Estaduais (especialmente o do Estado de São Paulo, primeiro a ser criado, em 1983) e, posteriormente, os Municipais, foram desenvolvidas políticas e programas de ação voltados à integração plena da mulher na sociedade.

Conforme Linhares (1990), é preciso reconhecer que, a partir da década de 1980, o movimento diversificou as frentes de atuação em diferentes espaços: grupos de reflexão, centros de estudo dentro e fora das Universidades, departamentos femininos em sindicatos e partidos políticos, grupos de autoajuda como os SOS contra a violência, grupos que se organizaram em centros ou núcleos independentes, organizações não-governamentais que desenvolvem projetos junto a mulheres de baixa renda, grupos de advogados dentro de diversas seccionais estatais da Ordem dos Advogados do Brasil. Representou uma fase de intensa produção intelectual (cartilhas, panfletos, teses acadêmicas, congressos, cursos, seminários etc.), ao contrário do que a corrente mais radical temia.

A problemática feminina passa a ter visibilidade e se observa um aumento de mulheres eleitas para a Câmara Federal, Assembleias Estaduais e Câmaras de Vereadores. Em 1986, de oito deputadas passamos para 26 eleitas para a Câmara Federal. Mesmo que este número representasse 5,3 % do total dos membros e nem todas fossem feministas, foi positivo pelo ponto de vista pedagógico pois influenciou os debates no Congresso Constituinte a respeito das necessidades das mulheres brasileiras.

Podemos atribuir ao movimento de mulheres o saldo positivo das demandas femininas na Constituição Federal de 1988, pois ela foi elaborada com a participação ativa de vários movimentos sociais. Grupos feministas e femininos de varias regiões do país, trabalhadoras do campo e da indústria, mulheres de varias etnias se mobilizaram para discutir e apresentar propostas que atendessem às demandas das mulheres, conforme se lê em Blay (1984). Ademais, em vários Estados, as mulheres se organizaram propondo aos candidatos, homens e mulheres, que atendessem às causas feministas. Conforme Borba (1998), elaboraram emendas, foram às ruas recolher assinaturas e, junto ao Conselho Nacional dos Direitos da Mulher (CNDM) elaboraram e entregaram a *Carta aos Constituintes*, que contemplava as principais reivindicações feministas. O *lobby* das mulheres foi denominado *lobby do batom.*

O CNDM foi articulador, na Constituinte, e constituiu uma rede de informação e de pressão. Neste processo, a bancada feminina também teve importante papel no encaminhamento das propostas feministas, independentemente de sua filiação partidária, como relembra Borba (1998). O lançamento da campanha nacional pelo Conselho Nacional dos Direitos da Mulher, em 1985, sob o lema *Constituição prá valer tem que ter a palavra da mulher*, ampliou o espaço público de discussão sobre as principais reivindicações da mulher brasileira, em todas as instâncias (poder político, mídia, associações, sindicatos etc.), processo este iniciado na década de 1970.

A nova Constituição, de 1988, foi importante na história do feminismo brasileiro. Além de contemplar a igualdade em direitos e obrigações de homens e mulheres em seu art. 5º, inciso I, reconceituou a família, abolindo o pátrio poder e a figura de chefe do casal, reconheceu a união estável, confirmou o divórcio, ampliou a licença-maternidade, criou o direito à licença-paternidade, o direito à creche, coibiu a discriminação da mulher no trabalho, criou direitos para as empregadas domésticas e previu a criação de mecanismos para coibir a violência doméstica. As reivindicações das mulheres foram, em sua maioria, contempladas pela nova Constituição, através de um intenso trabalho de pressão junto aos constituintes. Não houve, entretanto, avanço nenhum no que diz respeito ao aborto. O movimento de mulheres se fortaleceu com a mobilização para a redação da nova Constituição, promulgada em 1988. De acordo com Blay (1987, pp. 45-46), se não houvessem os Conselhos "[...] certamente não existiria o avanço na implantação de uma nova mentalidade e politicamente não se teria nenhuma organização de pressão sobre a formulação da nova Constituição".

A conquista de novos direitos de cidadania para as mulheres na Constituição Federal de 1988, repercutiu favoravelmente na elaboração das Constituições Estaduais e nas Leis Orgânicas Municipais. Entretanto, muitos dos direitos garantidos na CF\1988, necessitam de regulamentação para se transformarem em realidade, o que é tarefa do movimento feminista e de seus aliados e aliadas nos legislativos e nos executivos. Como vemos, é fundamental para a efetivação desses direitos no município, a participação das mulheres.

Conforme se lê em Brito (2001, p. 297), especialmente nas últimas décadas, de diferentes formas, as mulheres brasileiras têm "afirmado a sua cidadania, constituindo-se como sujeitos sociais através dos seus movimentos e ações, ligadas ou não a instituições políticas". Toda esta luta empreendida pelas mulheres brasileiras, parece não ter sido valorizada ou mostrada à sociedade como um todo pela mídia, talvez, o próprio movimento não tenha conseguido garantir um espaço nos meios de comunicação. Como salientaremos a seguir através das palavras dos autores e profissionais da mídia que participaram do evento promovido pelo Cfemea, é preciso reafirmar o importante papel educativo da mídia para a inauguração de novas formas de relacionamentos, de combate à discriminação e ao preconceito bem como para relações de gênero igualitárias.

Reflexões sobre a relação entre a mídia e os movimentos feministas

O objetivo do debate sobre comunicação, sociedade civil e imprensa, foi fazer com que as questões que diziam respeito às mulheres pudessem obter maior visibilidade na mídia e, desta forma, serem discutidas de forma ampla pelo conjunto da sociedade.

Vale acrescentar que a relação entre a mídia, especialmente a TV, e o uso da imagem da mulher tem sido tema de debates desde a década de 1980. Em outro evento sobre o qual detenho minha atenção para os propósitos desta análise, ocorrido no final dos anos de 1980, o *Debate sobre o Papel das Mulheres na Sociedade*, ocorrido nas Escolas Públicas Estaduais Paulistas, foi possível constatar, pelas falas dos envolvidos, que havia o reconhecimento de que se transmite uma imagem ideológica do papel da mulher, e mais, que não só é transmitida como também, reforçada pelos meios de comunicação. Paradoxalmente, reconheceu-se ser os meios de comunicação um veículo importante para uma possível atuação (positiva) por meio de amplas campanhas de esclarecimento sobre os problemas e limitações que afetam as mulheres e outros grupos discriminados (BRABO, 2005).

Como argumenta Roso (2000, p. 77), "Há muito tempo as feministas vêm sustentando que o papel da mídia é a chave na modelagem das relações de gênero e no reforçamento da opressão das mulheres". As pesquisas têm demonstrado que a mídia reforça as características consideradas pelos publicitários como *tradicionais* (a boa dona-de-casa, mãe e esposa dedicada) junto com aspectos que consideram *modernos* (mulher que trabalha fora, independente, elegante e sensual), de forma a agradar vários tipos de público, tanto o "tradicional", como o "moderno", promovendo, tanto na novela como nos anúncios, uma imagem de supermulher-ideal.

Outras constatações e sugestões que resultaram do encontro mencionado de 1997, ainda continuam atuais. Entre elas, ressaltamos a necessidade de o movimento feminista conhecer o contexto e a lógica segundo a qual a mídia atua, conhecendo também as peculiaridades do cotidiano dos repórteres e dos editores pois é com eles que a comunicação dos movimentos de mulheres tem que lidar no dia a dia e por isso, precisam estar familiarizados com o mecanismo de funcionamento das redações, prazos de fechamento de matérias, horários de trabalho etc.

Kucinski (1997, p. 28) argumentou no encontro:

> [...] que a comunicação dos movimentos de mulheres pode contribuir para aprimorar a condição profissional dos jornalistas, a comunicação dos movimentos deve desenvolver uma ação construtiva, ações que consigam modificar a qualidade da mídia. É importante fazer que a massa dos jornalistas redescubra o valor do conhecimento.

A apresentadora de TV, Mona Dorf (1997) comentou que apesar do avanço que ela reconhece nos movimentos de mulheres, as redações têm mostrado pouca sensibilidade à participação das mulheres neste campo profissional e nos movimentos sociais como um todo. Há muitas mulheres nas redações, mas poucas em postos de decisão. Tal afirmativa foi corroborada pela repórter Laura Greenhalgh (1997, p. 28) ao expressar-se sobre o tema, afirmando que "Dentro das redações, a mulher está sub-representada, tem um poder de decisão muito restrito na mídia. [...] As pautas não refletem a questão de gênero, não refletem o olhar feminino. É uma mídia dominada pela ótica masculina, machista".

Soma-se aos pontos destacados outros problemas vivenciados pelos profissionais da comunicação: pressão para o fechamento da pauta, risco de trazer dados imprecisos e a insegurança (fruto da ignorância acerca do tema) que produzem outra peculiaridade do trabalho da mídia: ela é auto-referente. Na afobação do cotidiano, o jornalista recorre a quem já conhece ou quem costuma figurar na mídia. Para romper com tal realidade, os movimentos de mulheres necessitam de quadros de porta-vozes qualificadas e desenvolver um projeto consistente de relacionamento com a mídia e uma política de comunicação. Tal necessidade é urgente pois, conforme os participantes concluíram, a mídia tem se tornado o que restou do espaço público.

Ficou claro no debate que, se de um lado, os rótulos "feminismo" e "feminista" sofreram um desgaste ao longo do tempo, por outro lado, as questões ligadas às mulheres e seus direitos na sociedade tendem a obter mais espaço e aceitação da mídia, por estarem ganhando maior abrangência, deixando de serem vistas como bandeiras exclusivas de grupos isolados.

Reconheceram que falta aos movimentos de mulheres um projeto consistente de comunicação, que inclua a mídia, já que tais movimentos fazem um uso instrumental da mesma. Praticamente só procuram a imprensa em datas ou ocasiões especiais, como o Dia Internacional da Mulher, o que faz com que o contato entre ambos adquira sempre o caráter de um pedido de favor, quando deveria ser o de troca de informações, conforme foi apontado no debate.

Os debatedores destacaram, ainda, a deficiência na comunicação entre as Ongs e o público em geral. Cabe às Organizações não-Governamentais atuarem para introduzir uma nova visão de mundo e para isso é preciso pensar em intervenção para mudar a realidade. É necessário que os movimentos de mulheres resgatem os temas da Agenda 21, da Rio-92, por exemplo, na qual existe um espaço de participação política da mulher e que incorpora políticas públicas, políticas sociais, de habitação, de saúde, de transportes etc., numa perspectiva de gênero.

Ao final do encontro, os participantes apresentaram sugestões pertinentes para os grupos que pretendem mudanças quanto às várias discriminações e injustiças que ainda hoje sofrem as mulheres brasileiras, entre elas, vale ressaltar :

1- Aprofundar e melhorar o contato com os jornalistas e legitimar-se como fonte;
2- criar bancos de dados para dar informação qualificada para a mídia;
3- utilizar o potencial do rádio visto como meio poderosíssimo de comunicação;

4- melhorar a difusão de informações qualificadas: alimentar a mídia com dados sobre suas publicações, sistematizar a colocação na Internet de informações e banco de dados dos movimentos de mulheres;
5- profissionalizar a comunicação dos movimentos: assessoria de imprensa.

Finalizando o texto e iniciando o debate

Os meios de comunicação são instrumentos que podem estar a serviço da educação, da cidadania, da mudança. Contudo, podem, também, servir para reforçar estereótipos e preconceitos colaborando para o processo de dominação existente em nossa sociedade.

A meu ver, tendo como ponto de partida as reflexões elaboradas sobre o tema em pauta, acredito ser possível afirmar que especialmente a TV tem sido cooperadora e, ao mesmo tempo, algóz ao tratar a questão da mulher. Corroboramos o questionamento de Suplicy (1999) ao argumentar que é violência fixar a imagem de identidade de sucesso colada ao corpo perfeito não valorizando referências de mulheres de sucesso baseadas na competência profissional. É preciso questionar ainda o estereótipo de beleza e sedução que as TVs vendem e/ou a erotização precoce das meninas, estimulada por programas de TV.

Há, por outro lado, nas novelas, uma tendência a valorizar mulheres fortes, até agressivas, ou supermulheres. Mas ainda é visível o reforço de imagem da mulher-mãe, mulher-heroína, mulher-objeto. Em contrapartida tem havido o enfrentamento, em muitos casos, de temas considerados tabus, tais como: aborto, virgindade, homossexualidade. Como a mídia não defende interesses homogêneos, também trata as mulheres nas propagandas, nas telenovelas, nos noticiários, de forma a reforçar seu papel tradicional.

Conforme Faria e Nobre (1997, pp. 23-24), o tratamento da programação é diferenciada conforme o público que os meios de comunicação querem atingir. "Os programas mais informativos da televisão são apresentados em horários menos nobres. [...} Nos programas de humor, praticamente não há momentos críticos, só repetição das ideias dominantes e exposição do corpo feminino".

Sendo assim, resta ao movimento feminista e à sociedade como um todo, trabalhar para que a TV no seu papel institucional faça a opção pelo seu papel de veículo de comunicação capaz de atingir um grande público e em menor tempo, colocando entre seus objetivos o de educar, informar e produzir entretenimento de alto nível, tornando-se um veículo formador de opinião pública e transformador de realidades discriminatórias e opressoras. Educar a cidadã e o cidadão críticos inclusive no que diz respeito à mídia, é uma necessidade bem como a educação na perspectiva de gênero em todos os níveis de ensino e de todas as áreas do conhecimento.

Deve-se considerar, entretanto, que é papel de toda a sociedade reverter a situação atual dos meios de comunicação, especialmente da TV. As contradições, acima relatadas, mostram que não há respeito e conhecimento pela história de luta dos movimentos feministas e femininos, pela dignidade e pela atual condição da mulher na sociedade, a de **cidadã**. Afinal, esse é um direito de todas as mulheres.

Referências Bibliográficas

BLAY, E. A. Movimentos sociais e participação política da mulher no Brasil. In: CONFERÊNCIA DE IPSA, 1984, Sofia. (mimeo).

________. Mulher e igualdade: cidadania e gênero. n. 2, ano 1. **Social Democracia Brasileira**, março de 2002.

BORBA, A . Legislando para mulheres. *In*: BORBA, A .; FARIA, N.; GODINHO, T. (org.) **Mulher e política: gênero e feminismo no partido dos trabalhadores**. São Paulo: Fundação Perseu Abramo, 1998.

BRABO, T. S. A. M. **Cidadania da mulher professora**. São Paulo: Ícone Editora, 2005.

BRITO, M. N. Gênero e cidadania: referenciais analíticos. BRITO, M.N.C. Mulheres na política: como e porque. *In*: FONSECA, C. ; BRITO, M.N.C. (org.) **Horizontes Antropológicos – Gênero**. Porto Alegre, UFRS, 1995.

CFEMEA- Centro Feminista de estudos e assessoria. **REDE SAÚDE**- Rede Nacional Feminista de Saúde e Direitos Reprodutivos. *MULHER e* MÍDIA- UMA PAUTA DESIGUAL? Seminário realizado em São Paulo, julho de 1997.

DECRETO Nº 25.469, de 7 de julho de 1986. *DEBATE* – **Mulher e educação: o papel da mulher na sociedade.** SEE-ATPCE, SP, 1987.

FARIA, N.; NOBRE, M. Gênero e desigualdade. **Cadernos Sempreviva.** São Paulo: SOF – Sempreviva Organização Feminista, 1997.

GOLDENBERG, M.; TOSCANO, M. (1992) **TOSCANO**, Moema e **GOLDEMBERG**, Mirian. **A revolução das mulheres: um balanço do feminismo no Brasil.** Revan, 1992.

LINHARES, L. La lucha por la democracia calificada. *In*: **Transiciones- Mujeres en los procesos democraticos. Isis Internacional, Ediciones de las Mujeres,** 1990.

OLIVEIRA, H. B. Consumidoras e heroínas: gênero na telenovela. **Estudos Feministas**, Florianópolis, 15(1), jan.-abr./2007. pp. 177-192

PAOLI, M. C. Movimentos Sociais no Brasil: Em Busca de um Estatuto Político. *In*: HELLMANN, M. *Movimentos Sociais e Democracia no Brasil.* Marco Zero/ ILDES FES/ LABOR, São Paulo, 1995.

ROSO, A. Mídia televisiva e imagens de mulher: quando vozes sutis nos falam. *In*: **Construções e Perspectivas em gênero.** São Leopoldo: UNISINOS, 2000.

SUPLICY, M. Violência contra a mulher e a TV. *In*: **Revista Maria Maria** – Uma vida sem violência é um direito nosso, Brasil: UNIFEM-FUNDO DE DESENVOLVIMENTO DAS NAÇÕES UNIDAS PARA A MULHER, ano 1, nº 0, 1999.

TABAK (2002) **Mulheres Públicas: participação política e poder.** Rio de Janeiro: Letra capital, 2002.

TABAK, F. e VERUCCI, F. (org.) **A difícil igualdade: os direitos da mulher como Direitos Humanos.** Rio de Janeiro: *RELUME – DUMARÁ, 1994.*

STREY, M. *et. al.* (org.) *Construções e Perspectivas em gênero.* São Leopoldo: UNISINOS, 2000.

Mulheres e Relações de Gênero: O Papel da Educação

Gênero e educação num assentamento rural. relato de uma experiência

Maria Aparecida de Moraes Silva [49]

Um pouco da história de um assentamento cercado pelos domínios da Usina

O assentamento "Bela Vista" está localizado no município de Araraquara/SP na fazenda do mesmo nome, que pertenceu à antiga Usina Tamoio, propriedade da família Morganti desde o início do século XX e, mais tarde, do Grupo Empresarial da família Silva Gordo. Atualmente a Fazenda Tamoio é propriedade do Grupo Corona, que, por sua vez, vendeu a Usina ao Grupo COSAN, maior empresa de produção de álcool e cana-de-açúcar do mundo. Estas empresas transformaram toda a área da fazenda em um imenso canavial. Apenas

49 Professora colaboradora do PPG/Geografia/UNESP/PP; Pesquisadora visitante do PPG/Geografia/USP e pesquisadora do CNPq.

restam algumas casas e as lembranças fixadas na memória dos milhares de trabalhadores despedidos no início dos anos de 1980.

O assentamento dista 12 km da cidade de Araraquara/SP. A Usina Tamoio foi uma das mais importantes usinas de produção de açúcar e álcool do Estado de São Paulo no período de 1920 a 1940. A família Morganti era proprietária de um verdadeiro império. Além da usina Tamoio, da Monte Alegre, situada no município de Piracicaba/SP, a Fábrica de Papel e Celulose "Piracicaba", a Fazenda Guatapará, situada no município de Santa Lúcia/SP, os Hortos Florestais (Itaquera em São Paulo/SP e São Pedro em Franco da Rocha/SP), eram partes integrantes deste império (Caires, 1993).

No período de 1917, início da Usina, até 1941, ocasião da morte de Pedro Morganti, o Velho Morganti, a extensão territorial da Usina passou de 2.000 para 50.000 alqueires. As terras adquiridas, antes compunham as antigas fazendas cafeeiras. Segundo Caires (1993), esta expansão verificou-se em função da crise do café nos anos de 1930. O crescimento da Usina continuou progressivo durante as décadas de 1940 e 1950. Os primeiros sinais de decadência surgiram no início da década de 1960, em virtude da política dirigista do IAA (Instituto do Açúcar e do Álcool), que, por meio da limitação de cotas de fabricação e da regulação dos preços do açúcar, favoreceu os usineiros do Nordeste em detrimento dos usineiros de São Paulo. Isto teria levado muitas empresas à insolvência e até mesmo a situações mais extremas, segundo Gnaccarini (1972, 187, 188). No entanto, outros fatores foram responsáveis por este processo: as mudanças na legislação trabalhista, a promulgação do E. T. R., a política repressiva do pós-64 e algumas particularidades do grupo empresarial Morganti, tais como a obsolescência das relações de trabalho baseadas no paternalismo e clientelismo, as dificuldades em pagar as dívidas assumidas em virtude da compra de uma fábrica de celulose em Piracicaba/SP e a instituição da correção monetária, com a reforma tributária do pós-64 (Caires, 95-96).

Estas condições estruturais produziram as dispensas de milhares de colonos, os quais passaram a reivindicar seus direitos na Justiça Trabalhista, agravando ainda mais a situação financeira dos proprietários. Em 1969, a Usina foi vendida ao Grupo empresarial da família Silva Gordo. De 1969 a 1982, as contradições se agravaram em função da demanda dos trabalhadores pelos direitos, que se constituía na resposta ao processo de expulsão provocado pela mudança nas relações de trabalho, com o aparecimento dos trabalhadores temporários, aprofundando ainda mais a crise dos anos anteriores. Em 1982, a Usina foi desativada [50]. A quase totalidade dos trabalhadores deixou a usina, muitos dos quais sem receber as indenizações devidas ou ainda fazendo a opção pelo FGTS. Uma pequena parcela, num total de apenas oito famílias lá permaneceu à espera de, algum dia, lograr o recebimento dos valores correspondentes aos direitos. Durante o período de 1982 a 1989, houve vários protestos de trabalhadores, inclusive com a realização de passeatas na cidade de Araraquara, greves a fim de dar visibilidade da situação dramática vivenciada. Ampliaram-se os processos trabalhistas ao lado da participação nos conflitos do Sindicato dos Trabalhadores da Indústria e Alimentação, de partidos políticos etc. Todo este movimento ganhou repercussão em nível nacional. Órgãos governamentais, como o IAA, Ministério da Reforma e Desenvolvimento Agrário, Ministério do Trabalho, partilharam das discussões com o objetivo de se conseguir uma solução para o caso.

Durante este tempo, as terras da Usina passaram a ser arrendadas a outros usineiros, complicando ainda mais a situação dos trabalhadores estáveis, que lá permaneciam. Depois de muitas idas e vindas, em 13/04/1989, o presidente José Sarney assinou o Decreto n. 97.660, pelo qual a fazenda Bela Vista do Chibarro – uma das seções da Usina

---

50 Segundo depoimento de um ex-morador, em torno de 15.000 pessoas foram obrigadas a sair das terras da Usina. A grande maioria foi viver num bairro periférico – Melhado – da cidade de Araraquara. A desapropriação da usina pelo não cumprimento dos interesses sociais foi ganhando espaço, a partir de então. Em 1986, por ocasião da visita do então Ministro da Reforma e Desenvolvimento Agrário, Dante de Oliveira, à Araraquara, foi-lhe entregue a solicitação das terras da Usina Tamoio no plano de desapropriação para a Reforma Agrária (Caires, 373 e ss).

Tamoio – foi declarada imóvel rural de interesse social e classificada como latifúndio de exploração.

Estas breves considerações sobre o processo que resultou na desapropriação destas terras da Usina Tamoio são importantes para a interpretação de muitas situações de conflitos entre os próprios assentados no tocante à atual situação, quando muitos deles aderiram ao plantio de cana destinada à Usina Zanin. Cana e Usina, no imaginário dos atuais assentados, formam uma simbiose de medo, insegurança e impotência diante das possibilidades de perda do lote e do fracasso do Programa de Reforma Agrária. Ademais, o fato das terras do assentamento ocuparem o mesmo espaço geográfico daquelas das usinas e da vila ser a antiga colônia da seção Bela Vista, considerada uma das mais importantes, gera uma relação contraditória entre os próprios assentados e as usinas que os cercam. De um lado, há um sentimento de vitória, de conquista de terras de usineiro, símbolo máximo da riqueza e do poder político nesta região; por outro lado, os usineiros concebem o assentamento como um fracasso e, por diferentes estratégias, procuram penetrar no assentamento, por intermédio do plantio de cana. Neste embate, percebe-se o processo de luta pelo território, enquanto espaço identitário, da memória, um lugar, que represente o final das incertezas e da vida fragmentada, um lugar-cidadão, um lugar de incluídos e não de excluídos (Silva, 2004).

O processo de constituição deste assentamento foi permeado por muitos conflitos que envolveram, além dos trabalhadores demandantes de terra, a FERAESP, o INCRA, a CPT e lideranças de partidos políticos. Após o decreto de desapropriação, houve uma longa disputa em torno da ocupação das terras da Bela Vista. Inicialmente, essa ocupação se fez com cerca de setenta e cinco famílias, selecionadas pelo Sindicato dos Trabalhadores Rurais e pela Comissão Agrária Estadual do INCRA. Além destas setenta e cinco famílias, havia oito famílias que já moravam em terras da Usina, e, como foi dito acima, elas ali permaneceram até a constituição do assentamento.

Em seguida, foi nomeada pelo Estado uma Comissão Municipal que tinha como objetivo abrir o cadastro a todos os trabalhadores da região e selecionar aqueles que deveriam ocupar as terras da Fazenda Monte Alegre (pertencente ao Estado), e a da Bela Vista [51]. Foram escolhidas 120 famílias de acordo com as normas de seleção do INCRA. No entanto este processo foi bastante conturbado em virtude da presença de trinta e seis famílias, provenientes do Vale do Ribeira, que já estavam acampadas nas terras da Usina Tamoio, e da vinda de mais 27 famílias, provenientes do Acampamento de Promissão/SP. Os maiores desentendimentos surgiram no momento da chegada do grupo das famílias provenientes de Promissão. Segundo alguns depoimentos, tratou-se de uma verdadeira *guerra*. As famílias, que já estavam instaladas, temiam pela perda das terras, e, por isso, organizaram-se e fecharam todas as entradas do assentamento. Formaram verdadeiras trincheiras de homens, mulheres e crianças, armados de paus, pedras, carabinas etc. Segundo as palavras do atual presidente da FERAESP, os conflitos se deram em razão do descumprimento dos acordos pelo INCRA.

O agravamento dos conflitos foi acrescido com a proposta do INCRA de reduzir para 12,5ha o módulo das terras, em resposta à demanda de 16ha dos trabalhadores e também pela intenção deste Órgão em autorizar a vinda de mais 55 famílias de Promissão. Na realidade havia uma tensão social muito grande em Promissão, já que as famílias estavam acampadas havia mais de três anos. A estratégia do INCRA era dirigida no sentido de aliviar as tensões, que se tornaram públicas, por meio de passeatas e divulgação pela mídia, da situação social ali existente. Com isso, há um conflito entre os interesses do INCRA e daqueles que já haviam entrado na terra, amparados pelo Sindicato e pela FERAESP (Rosim, 1998). Em relação ao grupo das 36 famílias, compostas por trabalhadores da região do Vale do Ribeira, que ocuparam as terras sem a permissão do INCRA, houve uma ordem de despejo no dia 4 de julho de 1990. Uma reunião de trabalhadores decidiu pela permanência das famílias e a organização

51 Os representantes desta Comissão pertenciam aos seguintes órgãos: INCRA, DAF, Sindicato dos trabalhadores rurais, Casa da Agricultura, Prefeitura Municipal, Câmara Municipal e UNESP.

de piquetes nas quatro entradas da fazenda. Novos conflitos se sucederam com as negociações dirigidas pelo Sindicato, que apresentou uma proposta alternativa ao INCRA, segundo a qual, as 36 famílias permaneceriam na terra até que uma Comissão de Seleção local reavaliasse a situação de cada uma delas. O resultado desta reavaliação foi o seguinte: 20 famílias permaneceriam na terra; 09 deveriam deixar o assentamento; 07 passariam por nova análise, pois houvera empate na votação.

De acordo com Rosim (1998, 105), houve um "acordo de cavalheiros entre os assentados e o Sindicato, de um lado, e o INCRA, do outro lado". Após um determinado tempo, permaneceu indefinida a situação das famílias, cuja avaliação foi considerada empatada pela Comissão e aquelas, cujo parecer sobre a permanência fora negativo, continuaram nas terras. Atualmente, o assentamento possui 176 famílias. As 26 famílias restantes foram sendo incorporadas após este processo inicial. Por meio dos depoimentos, foi possível perceber a existência da rede de parentesco, como sendo o elemento responsável pela instalação destas últimas famílias.

A leitura dos depoimentos coligidos – de homens e mulheres, provenientes dos vários grupos, além dos mediadores, lideranças e dos trabalhos dos pesquisadores – revela a verdadeira face da cultura da culpa (MARTINS, 2003). A cultura da culpa e as marcas deixadas pelos conflitos iniciais são alguns dos elementos responsáveis pelas dificuldades atuais referentes ao processo de construção da identidade social dos assentados; a pesquisa de campo constatou, em muitas ocasiões, as fragmentações advindas de disputas internas, desavenças no cotidiano, violência, criação de associações contrárias entre si, além de outros conflitos. Enfim, não conseguem se ver como pertencentes a um mesmo grupo, ou seja, a fragmentação inicial não é somente reproduzida, mas, em muitos casos, é reforçada pelas próprias lideranças e mediadores. A busca do culpado, geralmente o INCRA, acaba impondo-se como determinante em suas relações cotidianas. Assim sendo, este Órgão, desde a gênese do assentamento é o culpado por todos os males e fracassos. O diálogo político entre o representante do Sindicato e o INCRA, responsável pela acomodação de todas as famílias demandantes, foi ofuscado pela cultura da culpa.

O fato de ter havido a guerra para impedir a entrada dos acampados de Promissão revela que a prática das lideranças locais, na verdade, refletia os moldes da propriedade privada, ou seja, não conseguiam enxergar que a terra tem um destino social e não privado. Assim sendo, ao invés de considerar o movimento social de luta pela terra no seu conjunto, privatizaram-na, dividiram-na entre aqueles que estavam ligados às lideranças locais. Os acampados de Promissão passaram a ser vistos como inimigos e não como iguais, como pertencentes ao mesmo grupo social de espoliados. De demandantes de terra, passaram à condição de invasores de terras dos próprios assentados, despejados pelo INCRA. Portanto, observa-se que o campo de disputa muda de lugar; não se trata mais de uma luta de classes entre trabalhadores e proprietários de terra, porém de uma luta pelo poder político entre lideranças locais e INCRA, cujos efeitos mais imediatos são as divisões internas dos trabalhadores [52].

Estas reflexões são importantes para a compreensão do significado de sujeito e da escola que aí está inserida. Quem são estes sujeitos? No caso dos trabalhadores, a condição de sujeitos não pode existir sem a representação política das lideranças. Depoimentos dos diferentes grupos dão conta desta fragmentação originária, que se reproduz ainda hoje, por intermédio de novas divisões e subdivisões, desavenças interpessoais, violências e até morte: há sete anos atrás, um jovem

---

52 Interessante notar que muitas das ideias partiram da Comissão de Apoio e não dos próprios assentados ou lideranças...Conversei bastante com os assentados e constatei que alguns deles não sabiam explicar o que exatamente estava acontecendo...Não existia, portanto, uma uniformidade de atitudes nem de opiniões quanto aos acontecimentos... Ao final da tarde, as coisas foram encaminhadas segundo orientação das lideranças e com o objetivo principal de resistir. Téo (da CPT) sugeriu que a estratégia seria que as mulheres e crianças ficassem à frente dos piquetes, pois a polícia sentiria intimidada em agredi-las. Decidiu-se também que deveriam ficar em vigília durante toda a noite, para que não fossem pegos de surpresa. (Relato de Grasiela Lima, à época, bolsista de IC do CNPq da autora deste trabalho).

foi assassinado por outro durante um baile, em função de problemas anteriores.

A cana: a cultura proibida/consentida

O plantio de cana é a questão que mais suscita controvérsias neste assentamento. De um lado, há aqueles que se justificam enquanto fornecedores de cana, jamais como rentistas, arrendando as terras para usinas e fazendas. Por inúmeras vezes, solicitou-se uma cópia do contrato, porém não foi possível consegui-lo; até mesmo o presidente da Cooperativa de Produtores de Cana negou-se a fornecê-lo. Este conflito, como já foi mostrado ao longo deste texto, atinge não apenas os assentados como também os representantes do ITESP, do poder local, da FERAESP e as lideranças. No assentamento da fazenda Monte Alegre, houve várias tentativas de plantio de cana, incentivadas pelas usinas, mas os objetivos não foram logrados (Steter, 2000). Em suma, trata-se de uma cultura proibida pelo INCRA nos termos das relações de produção existentes, porquanto consentida por este Órgão, na medida em que a prática continua sendo pautada pela omissão. E mais ainda. O aumento daqueles que estão aderindo à cana tem crescido anualmente. Calcula-se que hoje, 80% dos lotes estão cobertos pela cana.

A maior justificativa apresentada é a inadimplência junto ao Banco do Brasil e dos projetos falidos, como o da pecuária leiteira, do bicho-da-seda, dentre outros. Além deste aspecto econômico, há o político, pois a cana representa o produto dos usineiros, cujos interesses são contrários àqueles dos assentados. Desde os primeiros anos, houve tentativas de plantio de cana. As primeiras plantações foram queimadas gerando um conflito enorme entre os assentados, inclusive um deles, acusado de ser o mentor deste ato, sofreu um processo judicial, pelo qual ainda responde. Este acontecimento envolveu a FERAESP, que se constituiu como defensora do acusado, e foi muito propagado pela imprensa da cidade. Portanto, a volta da cana representa o reflorescimento das lembranças deste passado conflituoso. Há ainda a memória daqueles que foram empregados das usinas, cujas lembranças são carregadas de muito sofrimento. Muitos deles, homens e mulheres, ao se lembrarem deste tempo, choraram e manifestaram além da dor, sentimentos de cólera. Para estes, mesmo que passem fome, segundo suas palavras, jamais plantarão cana em seus lotes. Portanto não são apenas os cálculos econômicos os responsáveis pela adesão ou não à cana. Uma depoente, ao se lembrar do tempo em que era cortadora de cana emociona-se e afirma: Então eu tenho muita revolta...**Se eu pudesse, eu não via um pé de cana na minha frente. Eu nem gosto de lembrar.**

Acredita-se que estes elementos invisíveis são extremamente fecundos à análise em torno do plantio da cana no assentamento, além daqueles já mencionados. Os usineiros são vistos como contrários ao projeto de assentamento, dado que aquelas terras pertenciam ao grupo do qual fazem parte, e, na medida em que arrendam as terras dos assentados, estão corroborando para o fracasso da Reforma Agrária.

O plantio de cana é um grande desafio para o projeto de Reforma Agrária. A proibição do INCRA não se concretiza em ações que resultem no fim desta atividade. A cada ano, aumenta o número daqueles que aderem a esta cultura. A ideologia da culpa camufla outras questões e conflitos.

Lugar das mulheres

Estas considerações são importantes à análise do *lugar* das mulheres neste assentamento, levando-se em conta as relações de gênero, as posições políticas e a divisão sexual do trabalho. No que concerne às relações de gênero, as mudanças havidas são poucas, segundo uma das lideranças. A violência de gênero existe em alguns casos, da mesma forma que a violência contra as crianças. Em contrapartida, as mulheres ocupam muitas posições políticas junto às comissões, inclusive o atual Conselho de Desenvolvimento Comunitário conta com várias delas. Anteriormente, a titularidade do lote era permitida aos homens, e, somente nos casos de impedimento deles (morte, invalidez), é que este direito estendia-se às mulheres. Atualmente, graças às mudanças jurídicas, as mulheres são titulares juntamente com os homens. No que tange à divisão sexual do trabalho, as mulheres ocupam as mais distintas posições: donas de casa, empregadas domésticas na cidade, sem contar que muitas delas trabalham na terra nas atividades da horta, da criação de animais de pequeno porte, na ordenha, no cuidado das roças de milho, feijão, café e demais produtos do lote; há ainda aquelas que comercializam os produtos da horta e da indústria doméstica na feira. Segundo a maioria dos depoimentos, são as mulheres as responsáveis pela maior parte dos trabalhos. O assalariamento urbano, por meio dos serviços domésticos, constitui uma realidade para muitas jovens e também mulheres casadas com filhos pequenos. Algumas delas contratam outras mulheres do assentamento para cuidar dos filhos enquanto trabalham, outras deixam-nos sob a guarda de parentes ou nas creches da cidade. Esta situação atinge um grande número de mulheres, algo que pode ser constatado pelo número delas que estão presentes nos ônibus das 6:00hs. Estas possuem a dupla jornada de trabalho, pois quando chegam em casa, vão desempenhar as tarefas domésticas como lavar, passar, cozinhar. Os finais de semana são dedicados aos trabalhos de limpeza, lavagem de roupa, não lhes sobrando tempo para o descanso. Portanto, este é um exemplo de que a divisão sexual do trabalho, baseada na determinação dos afazeres domésticos às mulheres, continua se reproduzindo neste assentamento. Este é um modelo de famílias pobres urbanas. Aliás, o mesmo modelo se reproduz entre as mulheres trabalhadoras rurais, denominadas boias-frias (Silva, 1999).

Em vista da grande quantidade de mulheres nesta situação, coloca-se a questão relativa ao modelo de agricultura familiar, caracterizado pela pluriatividade, que pode englobar o assalariamento de alguns de seus membros. Estas mulheres não podem ser consideradas agricultoras familiares, porque, além de não residirem no lote, não possuem nenhuma atividade relacionada a terra, já que todo o tempo se constitui como tempo de trabalho na cidade ou em casa, dedicando-se aos afazeres domésticos. Portanto, não se trata de um trabalho parcial ou temporário, realizado durante o tempo de produção dos produtos agrícolas. A compreensão desta situação exige o conhecimento dos trabalhos desempenhados pelos demais membros da família, principalmente dos maridos. Segundo o que se pôde verificar, esta situação ocorre em razão dos arrendamentos (proibidos pelo INCRA) dos lotes, ou ainda, à inexistência de qualquer outra atividade no lote, além da plantação de milho ser feita uma única vez por ano, o que corresponde a uma enorme defasagem entre tempo de trabalho e tempo de produção, gerando a ociosidade dos homens, durante grande parte do tempo. Frisa-se, no entanto, que esta situação existe em decorrência dos fatores apontados e também das relações decorrentes do patriarcado.

Outrossim, há aquelas mulheres que somente desempenham as atividades domésticas e moram na vila. Muitas possuem acima de 55 anos e contam com aposentadoria. Aquelas que moram nos lotes, são as que desenvolvem a indústria doméstica e outras atividades relativas à cata das espigas de milho, deixadas pelas máquinas colhedeiras, ao trabalho na horta, à ordenha, à colheita do café etc. Como já foi dito, algumas comercializam os produtos excedentes nas feiras, realizadas aos sábados na cidade. A unidade familiar constitui-se na matriz da organização social do assentamento.

A escola do campo

Esta escola define-se enquanto **do campo,** definição que se enquadra na matriz político-ideológica do MST. Este ponto é importante para entendermos os princípios norteadores desta escola. Inicialmente, a palavra **campo** sugere os trabalhadores, os camponeses em suas distintas nominações em várias regiões do país. Por exemplo: os caiçaras no litoral paulista, os capiaus e catrumanos nos sertões, os caipiras no interior de São Paulo, os sertanejos no Nordeste, os seringueiros na Amazônia e assim por diante. Muitas vezes, estas nominações estão carregadas de preconceitos, de valorações negativas, depreciativas, simbolizadas pelo *Jeca Tatu* de Monteiro Lobato. Escola **do campo e não só no campo.** Não bastam as escolas no campo, cujos conteúdos programáticos reproduzem os das cidades, porém escolas com "um projeto político-pedagógico vinculado às causas, aos desafios, aos sonhos, à história e à cultura do povo trabalhador do campo", segundo o texto preparatório da Primeira conferência Nacional "Por uma Educação Básica do Campo", de Bernardo Mançano Fernandes (2004, 27).

Num primeiro momento, a visão crítica do texto desta Conferência se reporta à inadequação da visão dualista da cidade e campo, na qual a cidade é vista como o lugar do moderno e o campo como sendo o lugar do arcaico, do atraso. Se atentarmos para a realidade brasileira, muitos aspectos da cidade estão no campo e vice-versa. Alguns exemplos podem ser citados: as imagens de televisão que acabam exercendo influências na linguagem, na maneira de vestir, de ser, na cultura e, muitos traços culturais do campo que estão presentes nas cidades: as festas juninas, as folias de reis, bumba-meu-boi, os hábitos culinários, a música caipira etc. Portanto, o que existe é uma interpenetração destes dois espaços e não oposição ou separação. O campo deixou de ser o atraso para ser o diferente, o singular. Outro dado importante é o grande número de pessoas que residem na cidade e trabalham no campo e vice-versa. No primeiro caso, podemos citar os trabalhadores rurais, denominados boias-frias e no segundo caso, os condomínios rurais de classe média na região de Campinas, cujos moradores trabalham em grandes empresas em São Paulo.

Segundo este texto, os principais princípios **da escola do campo** seriam:

- Transformação do papel da escola, por meio de compromisso ético/moral que leve em conta os desejos, os saberes, a cultura dos educadores e educandos, do compromisso com a intervenção social com vistas à formação do trabalho no campo, e do compromisso com a cultura do povo, com a memória histórica, capaz de recriar o passado com vistas a um projeto futuro;

- Transformação do processo de gestão da escola por meio da maior participação de educando no cotidiano escolar, da comunidade, dos familiares e dos movimentos sociais;
- Transformação da pedagogia escolar, dos *curricula*, voltados para uma verdadeira formação humanizadora. É preciso *aprender a aprender*, valorizar o trabalho na terra, a educação vinculada à cultura;
- Transformação dos educadores. É necessário educar os educadores. Capacitá-los por meio do entendimento destes princípios voltados ao desenvolvimento das capacidades dos educandos segundo a valorização de sua história e cultura, que, no fundo, é a valorização da identidade individual e social (pp. 54-59).

Em suma, os princípios norteadores desta escola se situam na construção de um novo homem e uma nova mulher, ou seja, sujeitos de direitos, não apenas educandos que recebem conteúdos abstratos e distanciados da vida concreta e real. Por outro lado, não se trata de uma educação utilitarista, que ensina a ordenhar vacas, cuidar de porcos, cultivar verduras, enfim que se restrinja às necessidades imediatas dos educandos inseridos no campo.

A vinculação aos direitos se reporta também ao trabalho, à escola e à terra. Um ponto importante desta proposta é aquela referente aos educadores. Segundo o que foi possível apurar das leituras feitas, a formação escolar inclui novos elementos relativos à cultura e história dos sujeitos do campo. Portanto, a própria concepção de história precisa ser revista, bem como a memória coletiva. Portanto, a concepção de história inclui as lutas sociais, os movimentos sociais e a memória da resistência dos trabalhadores que lutaram pela terra.

Feitas estas considerações, analisaremos alguns pontos da prática educativa da escola do Assentamento Bela Vista.

A escola do campo EMEF "Hermínio Pagotto" do Assentamento Bela Vista

Desde os primeiros contatos com este assentamento em 2001, percebemos que a escola era diferenciada. Ao primeiro olhar, a escola não é apenas um lugar de alunos. Os assentados, homens, mulheres, crianças têm a escola como referência principal para a obtenção de informações sobre o assentamento, além do desempenho dos educandos. É lá que ocorrem as reuniões das distintas comissões, dos técnicos do ITESP, INCRA, dos representantes do poder local, além de outros organismos estatais; é lá que ocorrem as oficinas com mulheres; é lá que ocorrem as festas, os bailes de formatura, as comemorações do assentamento e é lá que estão os escaninhos dos assentados, onde são guardadas as correspondências. Enfim, o espaço da escola é um espaço da e para a comunidade. Trata-se de um espaço acolhedor, muito limpo, com muitos dizeres afixados nas paredes sobre a filosofia do amor, da amizade, da paz, do bem e solidariedade. Uma mística, uma utopia. Observa-se nitidamente que a escola estabelece um diálogo cultural com sua clientela e também com os pais e agentes das diversas instituições.

Neste ambiente, a presença da diretora da escola é preponderante. É ela quem recebe o visitante e quem lhe dá as informações necessárias. Conhece a realidade do cotidiano dos alunos e dos assentados como um todo. É ela a responsável pela implantação desta mística, que foi sendo esculpida pela sua trajetória de vida, pela experiência herdada de seus pais, educadores e defensores das classes subalternas. Acreditamos que a implantação de qualquer projeto educacional para ter eficácia não pode ser feita de cima para baixo ou por meio de decretos e leis, mas por meio das ações dos sujeitos, sobretudo daqueles, cujas consciências são construídas por valores relacionados à prática pedagógica.

Atualmente, o ato de educar, em nível das representações, está relacionado ao de cuidar, ao amor, ao afeto, à espiritualidade, características, socialmente aceitas como pertencentes ao gênero feminino.

As representações são formas culturais de nos referirmos aos sujeitos e elas nos dão sentido e se transformam histórica e socialmente (Louro, 1997). As representações não são meras descrições que refletem as práticas dos sujeitos; elas são construções que os constituem, que os produzem. Segundo esta mesma autora, a questão não é a de se perguntar se uma representação "corresponde" ou não ao "real", mas, ao invés disso, como as representações produzem sentidos, quais seus efeitos sobre os sujeitos, como elas constroem o "real" (p. 99).

Nos limites deste texto, não nos cabe traçar as inúmeras representações que as professoras receberam ao longo do tempo. Para os interessados, remetemos à leitura do Livro citado de Guacira Lopes Louro, *Gênero, sexualidade e educação*, não qual ela expõe sobre esta questão. Historicamente, temos as representações da professora, cujas funções eram a extensão dos papéis considerados tradicionais das mulheres: maternagem, o cuidado das crianças, matizados pela docilidade, ternura e outros atributos femininos, ou imagens da mulher assexuada, da solteirona que falhara em suas funções reprodutivas, da mulher severa com a vara na mão, a palmatória, mas que escondia por detrás dos óculos a suavidade necessária para sua nobre função. Portanto, as representações são cambiantes, segundo as condições históricas. Este ponto é importante para as considerações seguintes sobre a escola de campo deste assentamento, bem como para o sucesso de sua proposta.

Trajetória feminina de uma educadora

Pertencente a uma família de pais educadores, esta diretora viveu desde a infância a experiência da luta em favor dos menos favorecidos socialmente, isto porque, além do papel educativo, os pais realizavam muitas obras sociais, das quais ela participava. Presenciou o pai pintando as paredes da escola na qual era diretor e a mãe fazendo roupas para as crianças no inverno, após o trabalho escolar. Na ocasião da constituição do assentamento, esteve com a mãe prestando ajuda aos recém-chegados. O pai era também o pintor de paredes na escola onde era diretor. Na entrevista, ela ressalta que o olhar para os mais pobres foi construído no seio de sua família. Em 1994, ficou classificada em 15º lugar, ao prestar o concurso estadual de professores. Escolheu a escola do Assentamento, embora com a pretensão de apenas lá ficar durante um ano. Um acontecimento singular iria, no entanto, mudar totalmente seus planos. No primeiro dia de aula, um menino descalço, sujo, entregou-lhe um pequeno buquê de flores colhidas durante seu trajeto para a escola. O menino, Natanael, nascido no dia 25 de dezembro, além de lhe comover com seu gesto, lhe imprimiu outras emoções, dado o fato de que é religiosa, seguidora dos preceitos da ordem franciscana, fundamentados na filosofia do amor, e da paz. Naquela noite, sonhara com o menino e um cálice de hóstias sujas. Para ela, este menino representava a humanidade excluída, marginalizada e, a partir daí, ele passou a lhe representar um verdadeiro selo, um carimbo, um guia.

Ao invés de apenas seguir o currículo escolar, passou, desde então, a se preocupar com o assentamento como um todo e com os inúmeros problemas surgidos. Aos poucos, graças ao seu espírito de liderança, foi conquistando a confiança das pessoas e transformando a escola num ponto de referência para todos. Conseguiu agrupar as pessoas em mutirões, recebeu muitas doações de pessoas da cidade e sempre teve um olhar dirigido aos excluídos no próprio assentamento. Menciona o caso de um alcoólatra, que fora abandonado pela família. Foi em seu auxílio, incluindo-o nos trabalhos da escola, imprimindo-lhe um sentimento de autoestima, necessário para sua recuperação.

Este trabalho, no entanto, fora interrompido, pois no ano seguinte, fora obrigada a assumir uma vaga numa escola na cidade, o que acarretaria a iminência do agrupamento e fechamento da escola do assentamento. Sem embargo, volta em 1997 e, a partir daí pôs em prática um projeto renovador. Inicialmente, procurou o envolvimento das pessoas, por meio de limpeza do mato, de remoção da sujeira, da participação de todos para a compra de tinta para a pintura das paredes, enfim, seu objetivo era transformar a escola num ambiente acolhedor. Com a vitória do Partido dos Trabalhadores em Araraquara para o poder local em 2000, conseguiu a municipalização da escola e a inclusão do assentamento no orçamento participativo.

Ademais destes acontecimentos, foi, aos poucos, elaborando um projeto pedagógico que levasse em conta a realidade dos educandos, que valorizasse, sobretudo, a cultura do mundo rural e a memória de lutas dos trabalhadores. Este projeto para ser levado à frente necessitava do apoio dos professores, cuja formação não incluía estes elementos. Portanto, sua prática foi se alicerçando em diferentes campos, de um lado, os assentados, por meio do diálogo da valorização da escola, e de outro, os educadores, por meio da construção de uma nova visão de mundo em relação àqueles educandos.

Estes princípios se alicerçaram antes da Primeira Conferência da Escola do Campo, encabeçada pelo MST. Portanto, o projeto pedagógico gestado durante esta Conferência, já estava sendo posto em prática no Assentamento Bela Vista, graças à ação desta diretora e de sua equipe de professores. Durante a entrevista, ela deixa claro que não há meramente a implantação deste projeto do MST na escola, mas uma articulação entre sua experiência e este projeto.

Os princípios norteadores deste projeto são:

- aprender a ser;
- aprender a conhecer;
- aprender a conviver;
- aprender a fazer.

Tais princípios estão assentados na visão de mundo de uma sociedade solidária que valorize o ser e não o ter, portanto que caminha na contramão da alienação do ser, da mercantilização e fragmentação, onde o papel da educação é fundamental para a construção de uma sociedade da convivência, mais humana, mais solidária e mais ética.

Considerando o projeto pedagógico implantado, seus resultados apontam para os seguintes itens:

- a evasão escolar é zero;
- a participação dos pais e educadores nas reuniões e assembleias é de 80%;
- os índices de frequência dos educandos são de 90%;
- absenteísmo dos educadores em torno de 5%, enquanto o da rede municipal é de 14%;
- o patrimônio da escola está perfeitamente preservado;
- o patrimônio é considerado da comunidade;
- há participação efetiva dos pais no desempenho de seus filhos;
- revalorização da autoestima dos educandos;
- relacionamento dos pais e educadores é bem próximo;
- valorização dos saberes dos educandos e de seus pais;
- conquista de dois prêmios recentes: Prêmio Gestão Pública e cidadania da FGV e I Prêmio Chopin Tavares de Lima do CEPAM (Centro de estudos e pesquisas de administração municipal) de São Paulo.

Como já foi anteriormente, a inspiração deste projeto é a Pedagogia do amor, da libertação, da presença, segundo a qual o ambiente educativo não é apenas o dito, mas o visto, o vivido, o sentido, o produzido, o participado. É, sobretudo, o que pode ser realizado pelos educadores e educandos, como intervenção consciente sobre o jeito de ser, de se relacionar e produzir (temas extraídos dos documentos oferecidos pela direção da escola).

Há, assim, uma relação estreita entre experiência e educação, que se reflete na prática educativa. A escola, como também já foi dito, é o centro de todas as atividades do assentamento: reuniões políticas, administrativas, acontecimentos sociais, lugar para a realização de oficinas, além da prática pedagógica propriamente dita. Como exemplo de oficina, podemos citar a de argila, que foi coordenada por mim, na ocasião da realização da pesquisa, cujo objetivo era a reconstrução da identidade dos homens e mulheres, por intermédio das lembranças, da memória do tempo da infância em seus lugares de origem, geralmente, o Vale do Jequitinhonha/MG e outros estados do Nordeste, onde a prática da produção de objetos de consumo doméstico com argila é muito comum (Silva, 2005, 295-315). Ademais, as oficinas com mulheres organizadas pelo Centro de Referência da Mulher de Araraquara, sobre as questões de gênero, as de artesanato, o Encontro de Mulheres Assentadas, visam cada vez mais consolidar a escola como espaço de aprendizagem, de transmissão e troca de saberes.

Um outro ponto a ser destacado é que este projeto não visa ao resgate do mundo rural, isolado da cidade. Ao contrário. As duas culturas – rural e urbana – se interpenetram constantemente. Assim, ao lado dos laboratórios de química e biologia, da sala de informática, há a cozinha experimental, a horta e o lugar onde as crianças aprendem a lidar com a terra, além das visitas constantes aos lotes, para o conhecimento da produção agrícola.

Alguns desafios

Neste momento, podemos enumerar alguns pontos para reflexões:

– a questão de gênero e educação. A experiência deste projeto revela, a nosso ver, dois aspectos: de um lado, ele pode ser considerado o reflexo dos papéis tradicionais femininos: a preocupação com a limpeza, a ordem, o cuidado, além das relações afetivas; de outro lado, ele revela o aspecto transformador, a criatividade, a coragem, o enfrentamento não somente em relação aos órgãos públicos, como também em relação aos próprios assentados. Portanto, o mesmo sujeito é portador de inúmeras identidades. Assim, por detrás desta mulher, cuja aparência pode ser definida como frágil, é possível enxergar uma profissional comprometida com a causa social e política dos pobres do campo. Sua prática subverte a imagem de passividade ligada ao feminino;

– a questão relacionada à propriedade coletiva, que faz parte dos objetivos do projeto da escola do campo. Este princípio não é colocado em prática neste assentamento. Primeiramente, em virtude da história de sua constituição, marcada por muitos conflitos, e, em seguida, pelo cultivo da cana que representa o avesso de um projeto de reforma agrária, assentado na agricultura familiar. Segundo o depoimento de um assentado, não há arrendamento e sim um contrato de compra e venda de cana para a usina, fornecedora de mudas e insumos para o plantio. A mão-de-obra é de responsabilidade dos assentados, que se organizam em mutirões na época do corte. Segundo as palavras de um assentado:

> Nesse contrato, os assentados negociam inicialmente com Narcísio, um dos donos da Usina Zanin, que lhes fornece um capital inicial de 15 mil reais. "É melhor que banco". Devolvi à usina duas parcelas de 8 mil reais. Além do dinheiro, a usina fornece também a primeira muda para os assentados. Quem toma conta do plantio e da colheita são os próprios assentados, o gasto médio para cortar toda a cana do lote é de 5.700 reais. Há uma troca de força de trabalho entre os assentados. Apesar disso, muitas vezes, os trabalhadores recebem, em média, 4 reais por tonelada de cana colhida – valor bem acima do que os trabalhadores contratados pelas usinas recebem (em média R$2,50). Após a colheita, a cana é transportada até a usina e pesada, lá. O valor da tonelada é de 35 reais. No entanto, os produtores do assentamento têm gastos com transporte e adubo (cerca de 6 mil reais), isso faz com que o preço final da tonelada de cana fique em 23 reais.

Esta realidade contraria as normas do INCRA, fato que conduziu a intervenção deste órgão neste assentamento desde meados de 2005. Entretanto, apesar das irregularidades, o avanço do plantio de cana segue crescendo.

Inquirida sobre esta questão, a diretora afirmou que se tratava de uma contradição de difícil resolução. O processo de trabalho dessa atividade é poupador de mão-de-obra, além do desenvolvimento das forças produtivas ser planejado e posto em prática pela grande empresa. Logo, os assentados não têm poder de decisão sobre a maneira de produzir, o que configura um trabalho definido pelas necessidades de um mercado cada vez mais globalizado. Enfim, como conciliar esta situação com o projeto pedagógico de formação de um novo homem e uma nova mulher, definido pelo ser e não pelo ter? Eis aí, o maior desafio não somente da diretora e de sua equipe como também dos educandos.

Finalizando, poderíamos tecer algumas reflexões sobre a questão de gênero, relacionada à prática desta mulher nesta escola, cuja infraestrutura, dotada de quadra esportiva coberta, laboratórios, além de cozinha experimental para a produção de pães e bolos por um grupo de mulheres do assentamento, reflete padrões acima de muitas escolas públicas existentes na área urbana. O papel exercido pela diretora foi fundamental para a concretização deste projeto. Os enfrentamentos foram de diversos matizes, incluindo os de gênero. Segundo seu relato, em muitas ocasiões, sofreu discriminações e até mesmo ameaças verbais, advindas dos próprios assentados. O importante é aqui considerar que as identidades dos sujeitos são plurais. De um lado, do ponto de vista físico, trata-se de uma mulher frágil, dócil, orientada pelas emoções, pela filosofia do amor, preocupada com o cuidado das crianças, porém, ao mesmo tempo, é capaz de inúmeros enfrentamentos políticos e pessoais no interior do assentamento e também fora dele. São, portanto, duas identidades, uma reprodutora do modelo feminino e outra que subverte este modelo, presentes na mesma prática. O gênero é construído socialmente, ele não está no nosso DNA, não está no nosso destino, não está na nossa natureza, não está na nossa biologia. Há possibilidades de mudanças e também conservações. Uma prática racional, como este projeto pedagógico, pode conviver com a emoção, aliás, fonte de conhecimento. É possível conciliar, emoção, inteligência, sem cair nas tentações das dicotomias que reforçam as desigualdades e não respeitam as diferenças. A equidade de gênero pode ser alcançada pelo hibridismo do masculino e do feminino e não pelo reforço das oposições e dicotomias e nem mesmo pela negação da emoção, associada ao feminino, ao frágil, ao não conhecimento.

Uma das razões do êxito deste projeto se refere à ideologia de valorização dos pobres do campo, implantada pela diretora da escola, cuja função principal consiste em fazer com que os educadores passem a enxergá-los sem os vieses discriminatórios do meio urbano. Portanto, trata-se de uma pedagogia que educa o educador, que lhe ensina a estabelecer um processo interativo com seus alunos e respectivos familiares. Ademais, a valorização da experiência das mulheres como transmissoras da cultura se constitui num ponto fundamental para o processo de identidade do grupo familiar, o que, sem sombra de dúvidas, acaba refletindo no ato pedagógico. Há, assim, uma relação estreita entre experiência e educação, que se reflete na prática educativa. A escola é o centro de todas as atividades do assentamento: reuniões políticas, administrativas, acontecimentos sociais, lugar para a realização de oficinas, além da prática pedagógica propriamente dita.

Um outro ponto a ser destacado é que este projeto não visa ao resgate do mundo rural, isolado da cidade. Ao contrário. As duas culturas – rural e urbana – se interpenetram constantemente. Assim, ao lado dos laboratórios de química e biologia, da sala de informática, há a cozinha experimental, a horta e o lugar onde as crianças aprendem a lidar com a terra, além das visitas constantes aos lotes, para o conhecimento da produção agrícola.

O exemplo dessa prática pedagógica, apesar dos desafios existentes, revela que o sujeito educador precisa ser educado com base em paradigmas que levem em conta não somente os projetos pedagógicos elaborados pelos profissionais da Educação, como também a cultura e uma nova maneira de enxergar o mundo social, para o qual tais projetos se destinam. A transformação dos educandos somente acontecerá se for precedida da transformação do educador. Os alunos dessa escola deixaram de ser vistos como "pés vermelhos" (representação alusiva ao barro do meio rural) pelos outros, pela cidade. O maior investimento desse projeto se reporta ao lema "aprender a ser", isto é, valorizar-se enquanto sujeito cidadão, dotado de direitos e deveres, capaz de lutar pela inclusão social.

Este é o grande legado desta mulher ao projeto de Reforma Agrária. Oxalá os frutos dessa prática possam contribuir efetivamente para o enfrentamento dos demais desafios, dentre eles, a transformação desse assentamento em áreas canavieiras, atreladas aos interesses do agronegócio sucroalcooleiro, distante, portanto, dos objetivos da agricultura familiar e da educação aí implantada.

Referências Bibliográficas

CAIRES, A. C. R. **Nem tudo era doce no Império do açúcar (vida, trabalho e lutas na usina Tamoio - 1917/1969)**. Dissertação de Mestrado. PPg/Sociologia/UNESP/Araraquara, 1993.

FERNANDES, B. M. *et al.* Primeira Conferência Nacional "Por uma educação básica do campo": texto preparatório. *In*: Arroyo, M. G.; Caldart, R. S.; Molina, M.C. (Orgs.). **Por uma educação do campo**. Petrópolis: Vozes, 2004, pp.19-64.

GNACCARINI, J. C. **Estado, ideologia e ação empresarial na agroindústria açucareira no Estado de São Paulo**. Tese de Doutoramento. PPG/Sociologia/USP/São Paulo, 1972.

LOURO, G. L. Gênero, sexualidade e educação. **Uma perspectiva pós-estruturalista**. 3ª. edição. Petrópolis: Vozes, 1997.

MARTINS, J. S. (Coord.). Travessias. **A vivência da reforma agrária nos assentamentos**. Porto Alegre: Editora da UFRGS, 2003.

ROSIM, L. H. A vontade do estado e o querer dos trabalhadores. **Retratos de Assentamentos. Cadernos de Pesquisa**. Araraquara, Ano IV, N. 6, 1998, pp. 87-108.

SILVA, M. A. M. **Errantes do fim do século**. São Paulo: Edunesp, 1999.

__________. **A luta pela terra. Experiência e memória**. São Paulo, Edunesp, 2004.

__________. A oficina de argila. *In*: Martins, J. S.; Eckert, C.; Novaes, S. C. (Orgs.). **O imaginário e o poético nas Ciências Sociais**. Bauru: Edusc, 2005, pp. 295-315.

Apoio: NEAD, CNPq, FAPESP.

Mulher com Deficiência e Educação

Mary da Silva Profeta [53]

"A imagem de mulheres descontroladas, histéricas e incapazes de produzir algo que não fossem filhos é atacada em função da imagem de uma mulher inteligente, capaz de trabalhar fora e estar no mundo como um indivíduo menos dependente em relação ao homem e, assim, mais realizada (ZANCANELA, s/d).

A Declaração dos Direitos Humanos desde uma perspectiva de gênero – 1998.

Direitos de Identidade e Cidadania

Art. 1º – inciso I diz "Todas as mulheres e homens nascem livres e iguais em dignidade e direitos"

Art. 2º – inciso II diz "A escravidão, a servidão e o tráfico de mulheres e meninas e meninos em todas as suas formas, incluindo aquelas

---

53 Departamento de Educação Especial/UNESP/Marília/SP.

que possam ocorrer em relações familiares, estão **PROIBIDOS** (grifo da autora).

Art. 3º – inciso II diz "Todos os Estados deverão eliminar obstáculos para o pleno e igualitário desfruto dos direitos cívicos por parte das mulheres. Em particular as mulheres **poderão adquirir a cidadania sem discriminação** e exercer os mesmos direitos que os homens de participar em todas as esferas da vida pública e política da nação.

Diante destes e tantos outros direitos que documentalmente a mulher tem, como fica a situação da mulher com deficiência?

O número de mulheres com deficiências no mundo é de 250 milhões e no contexto internacional, pertencem ao mais marginalizado dos grupos e ¾ vivem em países em desenvolvimento. Mesmo assim, programas internacionais de desenvolvimento raramente se direcionam as suas necessidades ou as incluem em iniciativas voltadas ao desenvolvimento.

Homens e mulheres com deficiência possuem questões em comum que os afetam igualmente, mas muitas afetam e discriminam especificamente as mulheres, tais como: sexualidade, maternidade, bioética, violência, violência sexual, **educação,** preparação profissional, emprego, saúde e assistência pessoal (grifo da autora).

Nos países em desenvolvimento as mulheres com deficiências são excluídas até mesmo da Educação Fundamental, e dependendo da região, isso porque os familiares ainda cultivam a ideia de que os meninos devem ir à escola, mas as meninas não.

Os países industrializados também rejeitam a mulher com deficiência como profissional e as oportunidades de casamento também são raras. **Ressaltamos aqui que mulheres são menos preconceituosas para se casarem com homens com deficiência** (grifo da autora)

Em diferentes países em desenvolvimento as meninas com deficiência também têm menos atenção médica que os meninos, em especial, quando residem longe dos centros de saúde. Por esta razão, é que o estado de doença da mulher se agrava e a deficiência aumenta, levando-a a um círculo de produção de filhos com deficiências.

A mutilação que implica no corte do clitóris e seu tecido circundante lhes trás graves consequências. E o mais sério é que essa prática ainda existe em alguns locais. A mulher mutilada vai a óbito devido a fortes hemorragias, tem traumas no parto, limitações de movimentos, infecção urinária e na região pélvica. De acordo com o procedimento podem ainda ter tétano, envenenamento do sangue e AIDS.

No ano de 2000, segundo dados da OMS a mutilação afetava mais de 85 milhões de mulheres em 27 países da África e do Oriente Médio. Dois milhões de meninas entre 4 e 8 anos tinham o risco a cada ano.

No Kenya, o Ministério da Saúde informou que 32% das mulheres do país sofreram a prática e que, a proporção aumenta com a idade, prevalece mais na zona rural e entre as mulheres com o menor índice de educação. Ainda, segundo um representante da OMS, no Kenya, a prática era comum, entre 27 e 46 países membros da OMS na região africana (Panafrican News Agency 18/11/99).

As barreiras contra a sobrevivência e êxito das mulheres e meninas com deficiência ainda é muito grande. Elas têm menos oportunidades que os homens com deficiência e que suas irmãs sem deficiência. Os prejuízos culturais limitam seu acesso à alimentação, aos sistemas de saúde, à educação, à profissão e até mesmo a um ambiente seguro e, com isso, há um significativo aumento das deficiências.

Um outro dado relevante é que as meninas que nascem ou adquirem deficiência são mais institucionalizadas que os meninos, e têm menos acesso aos serviços de reabilitação, por isso, correm mais riscos limitantes do seu funcionamento diário.

A discriminação das meninas com deficiência começa em casa e entre familiares, nos seus primeiros anos de vida. Isso faz com que as famílias ou quem tome decisões, pensem muito antes de proporcionar recursos disponíveis ou não à disposição e isso é o que mais põe suas vidas em perigo. Se a família procede assim, a sociedade igualmente reagirá desfavoravelmente a qualquer situação em que aquelas meninas com deficiência estejam envolvidas.

Há que se lembrar dos Direitos Humanos sobre a Mulher e sobre isso, façamos uma reflexão ao que se segue:

Quando se fala em direitos humanos das mulheres, importa frisar, há que se considerar o tema trabalhando-o na perspectiva da **discriminação e da violência**, fenômenos intrinsecamente relacionados no que se refere às desigualdades de gênero. Discriminação e violência são parte de um mesmo binômio, como faces da mesma moeda. Discriminação e violência se retroalimentam (grifo da Recomendação 19).

No âmbito do sistema global da ONU, o Brasil ratificou, em 1984, a ***Convenção sobre a Eliminação de Todas as Formas de Discriminação contra a Mulher*** **(CEDAW, 1979).**

> *O art. 1° da CEDAW define* ***discriminação contra a mulher*** *como "toda a distinção, exclusão ou restrição baseada no sexo e que tenha por objeto ou resultado prejudicar ou anular o reconhecimento, gozo ou exercício pela mulher, independentemente de seu estado civil, com base na igualdade do homem e da mulher, dos direitos humanos e liberdades fundamentais nos campos político, econômico, social, cultural e civil ou em qualquer outro campo".*

A propósito, a ***Recomendação Geral no. 19*** do Comitê que monitora a implementação da CEDAW pelos Estados-Partes estabelece que o conceito de ***discriminação contra a mulher***, prevista no art. 1° da Convenção, inclui a ***violência baseada no sexo***.

O art. 2° da CEDAW estabelece que os Estados-partes condenam a discriminação contra a mulher em todas as suas formas e concordam em adotar uma política destinada a eliminá-la. Para tanto, comprometem-se a:

- estabelecer proteção jurídica dos direitos da mulher em uma base de igualdade com os homens e garantir por meio de tribunais nacionais competentes e de outras instituições públicas, a proteção efetiva da mulher contra todo ato de discriminação;

- adotar medidas adequadas, inclusive de caráter legislativo, para modificar ou derrogar leis, regulamentos, usos e práticas que constituam discriminação contra a mulher;
- derrogar todas as disposições penais nacionais que constituam discriminação contra a mulher (Recomendação **19**/09/2003) .

É possível ser constatado pelos documentos citados e outros existentes que a preocupação com a condição da mulher é muito antiga, tanto que a Declaração dos direitos da mulher reescrita por uma mulher contempla a copresença política social de homens e mulheres e uma igual dignidade para os dois sexos.

A referida Declaração diz em dois dos seus artigos:

> O objetivo de toda associação política é a conservação dos direitos naturais e imprescritíveis da mulher e do homem; estes direitos são a liberdade, a propriedade, a segurança e sobretudo a resistência à opressão (art. 2º)
>
> O princípio de toda soberania reside essencialmente na nação, que é a união da mulher e do homem: nenhum organismo, nenhum indivíduo pode exercer autoridade que não provenha expressamente deles (art. 3º)(BONACCHI e GROPPI, 1995, p.13).

Alfabetização e Educação

Mary Wollstonecraft, autora da *Vindication of the rights of woman*, escrita em 1792 – representou um protótipo das afirmações e reivindições das mulheres em termos de direito, tanto que sobre educação e para que a mulher possa se tornar a companheira do homem ela diz:

> Numa luta pelos direitos da mulher, o meu argumento principal se baseia neste simples princípio: que a mulher, se não for preparada pela instrução para tornar-se a companheira do homem, barrará o progresso do saber e da virtude; porque ou a verdade deve ser comum a todos, ou o seu influxo sobre a conduta comum será inadequado (BONACCHI e GROPPI, 1995. pp. 12-13).

Essa instrução que a autora cita nada mais é, que a aquisição de conhecimentos que se adquire também e principalmente, com a educação formal.

Para cada mulher, os determinantes críticos conquistados na qualidade de vida, para si e para os seus filhos, é ter educação acadêmica. Este nível educacional implica em a mulher ter mais possibilidade de se chegar ao matrimônio, postergá-lo e ter o primeiro parto. Provavelmente esta mulher terá menos filhos, estes serão mais saudáveis, mais educados e, igualmente realizarão um casamento melhor e terão maiores possibilidades de ter um bom emprego.

Apesar das vantagens garantidas, muitas mulheres e meninas não têm tido acesso à educação, especialmente se já fizeram a educação primária.

A consequência desse prejuízo devido ao sexo, indica que o percentual de alfabetização e o nível acadêmico tendem a ser mais baixos que o dos homens e, as meninas e mulheres têm um percentual ainda menor, pois consideram seu sexo e sua deficiência – isso as mantêm fora da escola.

Os pais das mulheres com deficiência ao perceberem que elas podem casar, ser mães e trabalhadoras fora de casa, não se importam, não veem necessidade de mandá-las para a escola. A exclusão escolar neste contexto se dá também para as minorias étnicas, os portadores de AIDS e as pessoas com deficiência.

No ano de 1995 a alfabetização mundial masculina era de 83,71% e a feminina de 71,48%. A pesquisa não apresentou dados sobre as pessoas com deficiência, mas a UNESCO estimou, que a taxa de alfabetização das pessoas com deficiência era somente de 3% e a de meninas e mulheres com deficiência era de aproximadamente 1% (UNESCO, 2000).

O índice de meninos sem deficiência na escola secundária é bem mais alto que o das meninas em 1/4 dos países em desenvolvimento fora da América Latina. Em 25 países a proporção é mais alta e em 1/5 destes países, a desigualdade sobrepõe a 20%.

Em mais de 25 países do mundo menos de 25% de meninas vão à escola secundária, contudo esta pesquisa não destacou a situação das pessoas com deficiência que a UNICEF informa ser de aproximadamente 1%. Esse percentual não informou ainda sobre a capacitação vocacional e tão pouco categorizou por sexo. Esses índices poderiam ser mais altos considerando-se a assistência de crianças deficientes que não são identificadas com tal (UNICEF, 1998).

Nos Estados Unidos as mulheres com deficiência têm 5 vezes mais possibilidades que as sem deficiência de terem menos de 8 anos de escolarização e a causa nem sempre é devido à deficiência, uma vez que a maioria a adquiriu ao graduar-se nos programas acadêmicos ou de capacitação. A falta de educação pode obedecer a realidades mais amplas que implicam trabalho manual, condições de vida pobre, falta de acesso à alimentação e atenção médica que limitam a mulher com deficiência de ir à escola (UNICEF, 1998).

No Brasil a educação das mulheres com deficiência, não sofre os mesmos impactos que as dos países da África, contudo, algumas dificuldades, discriminação e preconceito são significativos no que diz respeito à rejeição das mesmas nos ambientes escolares, que em geral são inacessíveis, despreparados e cujos professores não têm habilidade para lidar com os diferentes, porque, embora esteja nas políticas públicas que devem ser capacitados, isso não ocorre suficientemente para suprir a necessidade dos alunos que buscam o ensino regular como forma de inclusão – ainda bem distante do que se apregoam nos documentos oficiais, livros, pesquisas, discursos etc.

O Art. 4º da LDB diz: "é dever do Estado o atendimento educacional especializado gratuito aos educandos com necessidades especiais, preferencialmente na rede regular de ensino" (inciso III). A referência de necessidades especiais amplia o alcance do dispositivo constitucional de 1988, que se referia apenas às pessoas com deficiência. A categoria de necessidades especiais aparece pela primeira vez em 1993, de modo a englobar as pessoas com deficiência e os superdotados.

Sabe-se que o nível de educação proporciona à mulher com deficiência:

- mais qualidade de vida;
- união matrimonial postergada;
- menos filhos e estes mais saudáveis;
- filhos mais educados e com melhor educação, melhor emprego, salário e casamento

O desafio sobre a educação da mulher com deficiência está posto, é do conhecimento de todos e sua prática, ainda que não a contento, vem sendo desenvolvida em espaços que se identificam com a Educação Especial, contribuindo e integrando a Educação Geral, contudo, não criando espaços acomodativos em nome da necessidade de um ensino especializado, e nem reduzindo a necessidade de se ter um ensino adequado às pessoas com deficiência.

Considerando dados do Censo 2000 do IBGE, que tem muitos equívocos no que diz respeito às questões específicas sobre pessoas com deficiência, gerando informações bastante questionáveis, o Brasil tem 24,5 milhões de pessoas com alguma deficiência e por isso continua sendo mais seguro e coerente, considerar os dados da OMS confirmados e respeitados nos últimos 20 anos de que o Brasil tem 17 milhões de pessoas com deficiência correspondendo a 10% da população do país e aplicando índices do IBGE em outros estudos, o segmento em questão teria 7.891.400 (46,42%) homens 9.108.600 (53,58%) mulheres (IBGE, 2000).

Em termos de faixa etária o índice é de: 1.494.300 (8,79%) pessoas com zero a 14 anos; 10.517.900 (61,87%) de pessoas em idade de trabalhar e 4.987.800 pessoas com 60 anos ou mais. Nesta projeção estudos apontam que das pessoas classificadas como População Economicamente Ativa (PEA) apenas 10% (1.051.790) têm emprego formal, dos quais somente 210.000 trabalhadores com deficiência (20% de 1.051.790) teriam registro em carteira profissional.

Segundo a OMS, as deficiências são as seguintes: mental (5% da população do Brasil), com 8.500.000 pessoas; física (2%), com 3.400.00 pessoas; auditiva (1,5%), com 2.550.00 pessoas; visual (1%), com 1.700.000 pessoas e múltiplas (0,5%) com 850.000 pessoas.

De acordo ainda com o último Censo 2000:

Em maio o Instituto Brasileiro de Geografia e Estatística-IBGE divulgou os resultados do censo 2000 informando que são 24,5 milhões de brasileiros, ou seja, 14,5% da população com algum tipo de deficiência assim distribuída:

	Em relação ao total de deficientes	**Em relação à população brasileira**
Deficiência visual	**48,1%**	**6,97**
Deficiência motora	**22,9%**	**3,32**
Deficiência física	**4,1%**	**0,59**
Deficiência mental permanente	**8,3%**	**1,20**
Deficiência auditiva	**16,7%**	**2,42**

IBGE, 2000.

Se considerarmos estes dados teremos 6,7% mais que os dados da OMS e devido a forma equivocada do IBGE é que estudiosos tem considerado o primeiro como fonte, ou seja, 10% da população tem alguma deficiência.

De uma outra forma, se atentarmos que o IBGE faz pesquisa por amostragem, esses dados poderiam ser ainda mais assustadores, uma vez que, por exemplo, considerou-se pessoas que usam óculos como deficientes visuais e, por isso, o crescente e discrepante aumento de pessoas com essa limitação.

De acordo com a Revista Sentidos de nov/dez de 2005, o Brasil é o primeiro país no ranking mundial em leis para proteção de pessoas com deficiência e ironicamente o primeiro em não cumpri-las (p. 12).

É preciso que haja mais atenção e responsabilidade com os serviços que apontam dados estatísticos, com o levantamento das doenças que levam às deficiências, com os serviços de prevenção às deficiências e muito também com a educação das mulheres com deficiência. As suas necessidades básicas educacionais precisam ser supridas em espaços acessíveis com recursos adequados e, sobretudo, com professores mais compromissados com a sua preparação e com Políticas Públicas mais dignas e justas.

Permitir que o potencial das mulheres com deficiência se evidencie é questão de cidadania, dignidade, respeito e não de favorecimento. O fato de ela não enxergar, não a exclui de ter potencialidade, de ser capaz de chegar ao máximo da escolarização que uma mulher dotada de visão e o mesmo potencial chegue, ou seja, se a mulher com deficiência visual quiser estudar chegando ao nível de doutoramento ou além dele, a ela devem ser dadas todas as oportunidades para que o faça.

Felizmente, neste século XXI muitas conquistas têm sido confirmadas e a mulher com deficiência ganha espaço na mídia por suas lutas. O direito è educação tem sido também ampliado e com isso suas oportunidades profissionais também sendo mesmo possível constatar, que há mais mulheres com deficiência ascendendo ao Nível superior do que homens, embora isso, não represente competitividade, mas sim esforço e interesse individual de cada cidadão e cidadã.

Finalizando, mas sem esgotar o assunto, apresentamos uma reflexão de KEHL (2002).

> O que é específico da mulher, em sua posição tanto subjetiva quanto social, é a dificuldade que enfrenta em deixar de ser *objeto* de uma produção discursiva muito consistente, a partir da qual foi sendo estabelecida a verdade sobre sua "natureza", sem que tivesse consciência de que aquela era a verdade do desejo de alguns homens sujeitos dos discursos médico e filosófico que constituem a subjetividade moderna que e não a verdade "da mulher". Por fim, a esta produção simbólica vai-se contrapondo uma produção literária voltada ao público feminino, que tenta dar uma resposta (pp. 4-5).

Para a autora a única diferença entre um homem e uma mulher seja em qual for a situação é que mulher é também mulher e a partir disso ela não precisa de um lugar no discurso, porque ela já está nele como sujeito e, simultaneamente, como objeto (pp. 5).

Referências Bibliográficas e Sitiográficas

BONACCHI G. e GROPPI. A (org). **O dilema da cidadania. Direitos e Deveres das Mulheres**. São Paulo: Editora da Universidade Estadual Paulista-UNESP, 1995.

DECLARAÇÃO dos Direitos Humanos na Perspectiva de Gênero, 1998. Doc. nº E/CN. 4/1998/3. Comissão de Direitos Humanos das Nações Unidas-Genebra. Disponível em <http://.dhnet.org.br/direitos/deconu/textos/cladem.htm> Acesso: fevereiro de 2002.

KEHL.M.R. Deslocamento do feminino. *In*: Fischer.R.M.B. **Mídia e educação da mulher**: uma discussão sobre os modos de enunciar o feminino na TV. Disponível em <http:// www. Scielo.br> Acesso dezembro de 2005. pp. 4-5.

OMS. Organização Mundial de Saúde. Sobre direitos da Mulher. Disponível em <http:// www.OMS+2000.sobredireitosmulheres-pt> Acesso em outubro de 2001 e janeiro de 2006.

PANAFRICAN News Agency 18/11/1999 In: OMS. Disponível em <http:// www.OMS+2000.sobredireitosmulheres-pt> Acesso em outubro de 2001 e janeiro de 2006.

RECOMENDAÇÃO 19/09/2003. Comissão das Comunidades Europeias. Disponível em <http://www.pgr.pt/portigues/grupos_soltas/instancias.Internacionais/Conselho.htm(2000)> Acesso em dezembro de 2005.

UNESCO.2002. Disponível em: <http://www.educoea.org./portal/html> Acesso em fevereiro de 2001.

UNICEF.1998. Situação da Infância 1998. *In*: A infância brasileira nos anos 90. Brasília.DF, 1998. Disponível em <http://www.inep.gov.br> Acesso em março de 2005.

ZANCANELLA B. Citação disponível em <http://tcu.gov.br> Acesso em janeiro de 2000.

Referência Consultada

CAMPS.V. **O século das Mulheres**. Lisboa: Editorial Presença. 2001.

CARREIRA. D; AJAMIL. M; MOREIRA. T (orgs.). **A liderança feminina no século XXI**. São Paulo: Cortez, 2001.

FERREIRA. J. R. **A exclusão da diferença. Piracicaba**. Editora UNIMEP, 1994.

ROCHA. M.I.B (org). **Trabalho e Gênero. Mudanças, permanências e desafios**. São Paulo. Editora 34.2000.

Gênero, Sexualidade e Cultura Escolar: Desafios para as Políticas e Práticas Educativas

Cláudia Vianna [54]

– Pai...
– Hmmm?
– Como é o feminino de sexo?
– O quê?
– O feminino de sexo.
– Não tem.
– Sexo não tem feminino?
– Não.
– Só tem sexo masculino?
– É. Quer dizer, não. Existem dois sexos. Masculino e feminino.
– E como é o feminino de sexo?
– Não tem feminino. Sexo é sempre masculino.
– Mas tu mesmo disse que tem sexo masculino e feminino.

54 Doutora em Educação (USP), professora da Faculdade de Educação da Universidade de São Paulo e coordenadora do GT "Movimentos Sociais e Educação" da Anped.

– O sexo pode ser masculino ou feminino. A palavra "sexo" é masculina.
O sexo masculino, o sexo feminino.
– Não devia ser "a sexa"?
– Não.
– Por que não?
– Porque não! Desculpe. Porque não. "Sexo" é sempre masculino.
– O sexo da mulher é masculino?
– É. Não! O sexo da mulher é feminino.
– E como é o feminino?
– O sexo da mulher é igual ao do homem?
– É. Quer dizer... Olha aqui. Tem o sexo masculino e o sexo feminino, certo?
– Certo.
– São duas coisas diferentes.
– Então como é o feminino de sexo?
– É igual ao masculino.
– Mas não são diferentes?
– Não. Ou, são! Mas a palavra é a mesma. Muda o sexo, mas não muda a palavra.
– Mas então não muda o sexo. É sempre masculino.
– A palavra é masculina.
– Não. "A palavra" é feminino. Se fosse masculina seria "o pal..."
– Chega! Vai brincar, vai.
O garoto sai e a mãe entra. O pai comenta:
– Temos que ficar de olho nesse guri...
– Por quê?
– Ele só pensa em gramática.

Luís Fernando Veríssimo (2001)

A questão que norteia esta reflexão[55] procura indagar sobre a presença do gênero e da sexualidade nas políticas e práticas educativas. Como pensarmos os desafios para a construção de uma educação igualitária nesses termos? Por isso a escolha da epígrafe logo acima, porque essa crônica de Luiz Fernando Veríssimo (2001) nos convida a refletir sobre o papel da linguagem, muitas vezes utilizada como uma ferramenta de suposta neutralidade para nomear indivíduos de ambos os sexos com grande ênfase para a forma masculina. A palavra, um tipo especial de linguagem, pode excluir outras formas de comunicação como a visual, a auditiva, a tátil e aquelas que mesclam elementos diversos de nomeação do mundo.

Em nossa sociedade o uso da palavra articulada ou escrita como meio de expressão e de comunicação recorre comumente ao masculino genérico para a expressão de ideias, sentimentos e referências a outras pessoas. Contudo, esse uso nunca é neutro. Trata-se de um sistema de significação e expressão das relações sociais em um determinado momento histórico que remete à produção, à reprodução e à resistência às relações de poder nelas contidas e expressas, e mais especificamente às subordinações de gênero.

Qual o desafio proposto por esse menininho a seu pai ao perguntar se existe uma palavra para nomear o sexo oposto? Ele já percebe que sua identidade de sexo e de gênero não é a mesma socialmente veiculada para o sexo feminino e busca uma palavra que expresse e nomeie essa diferença.

O diálogo descrito por Veríssimo sempre me faz lembrar várias cenas escolares nas quais as professoras insistem em falar de alunos e de professores perpetuando uma cultura escolar que, muitas vezes, dilui a nomeação do feminino e das feminilidades. Nós mulheres adultas já nos "acostumamos" a falar "os professores" e de acordo com a

55 Esse artigo reproduz palestra proferida na V Semana da Mulher: Mulher e Relações de Gênero no Século XXI, ocorrida na UNESP de Marília em março de 2006. Parte dessa apresentação tem por base estudos publicados em: VIANNA, UNBEHAUM (2004a, 2004b) e VIANNA, UNBEHAUM, ARAÚJO (2003).

maioria aqui presente poder-se-ia dizer: "vocês alunas da Faculdade de Educação", apesar de causar certo estranhamento entre os homens.

Nós mulheres muitas vezes não nos questionamos sobre as relações de poder contidas na forma como nomeamos o mundo e a nós mesmas, o uso do conceito de gênero nas políticas e práticas escolares propõe exatamente essa reflexão. Ele se constitui nas relações sociais que permeiam, constroem e definem as diferenças entre os sexos. Não basta nascer mulher e portar um determinado sexo, uma determinada capacidade de reprodução, é muito mais do que isso. Os significados sobre o que é ser mulher, o que é ser homem, o que é ser feminino, o que é ser masculino vão sendo construídos e impregnados em nossas identidades e relações.

O conceito de gênero pode permitir que percebamos o caráter sociológico da construção dos sentidos e dos significados relacionados às masculinidades e feminilidades, e se assim for não estão dados em nossa configuração biológica e podem ser transformados. É possível mudar a forma como nos nomeamos, nos hierarquizamos e muitas vezes reproduzimos uma dominação que é fundamentalmente masculina. E a educação pode ter um papel importante em divulgar, incentivar e produzir novos valores, não aqueles tradicionalmente vinculados à masculinidade hegemônica e à feminilidade a ela subordinada. Essa pode ser a grande contribuição da educação escolar, sob a ótica das relações de gênero.

Cabe ainda ressaltar o uso do conceito de sexualidade. Como relacionar sexualidade e relações de gênero? Como esse processo de produção das relações de gênero se liga com a construção das sexualidades nas relações escolares? Isso supõe, antes de tudo, a ampliação do conceito de sexualidade, pois a construção das sexualidades aproxima-se das mesmas determinações contidas no gênero e são influenciadas pela interação entre fatores biológicos, sociais, sociológicos, econômicos, políticos, culturais, éticos, legais, históricos, religiosos e espirituais (OMS, 2002). O conceito contempla então sexo, identidades e papéis de gênero, orientação sexual, erotismo, prazer, intimidade e reprodução. Remete a um processo que pode ser experimentado por meio de pensamentos, fantasias, desejos, crenças, atitudes, valores, condutas, práticas, papéis e relações sociais (OMS, 2002).

No entanto, nem sempre todas essas dimensões são vividas ou expressas. Hoje é muito comum associarmos a felicidade à busca do prazer, inclusive sexual. Mas nem sempre foi assim; depende da época e dos costumes. Diversas religiões valorizam a busca da felicidade eterna pela negação dos prazeres imediatos; acreditam que pelo jejum, pelo isolamento e pela castidade, ou seja, pela ausência de relações sexuais, os seres humanos podem alcançar maior desenvolvimento espiritual. Os tempos mudaram e, apesar de tantas transformações, a forma como a nossa civilização lida com a sexualidade, baseada na repressão, no medo e na culpa, ainda se mantém.

A escola sempre fez parte desse processo, ora negando a presença ou as expressões da sexualidade em seu interior, ora tentando acolher algumas de suas dimensões. Esse é o caso da chamada educação sexual, constante nas escolas, com diferentes enfoques e ênfases, desde a década de 1920. Contudo, a discussão sobre a inclusão da temática da sexualidade no currículo escolar tem alguma visibilidade somente a partir de 1970. A retomada dessa questão deu-se juntamente com os movimentos sociais que se propunham, com a abertura política, repensar o papel da escola e dos conteúdos por ela trabalhados, provavelmente em função do amplo processo de questionamento de valores e formas de organização social, expresso em mobilizações populares, juvenis e nos movimentos feministas em várias partes do mundo.

Mesmo assim não foram muitas as iniciativas tanto na rede pública como na rede privada de ensino para sua efetiva implantação. Até hoje é possível registrar muitas dificuldades em se lidar com essas linguagens e nomeações do mundo sob a ótica das relações de gênero no espaço escolar e, especialmente no currículo e nas práticas docentes.

Assim como o gênero e a sexualidade, as relações escolares possuem uma dimensão construída, situada, conflituosa, porque múltipla, mas não neutra, relacional, porque baliza valores em constante interação. Como nos lembra Dominique Julia (1995, p.10), a cultura escolar é descrita como "um conjunto de normas que definem conhecimentos a ensinar e condutas a inculcar, e um conjunto de práticas que permitem a transmissão e a incorporação desses comportamentos". São múltiplos e surpreendentes os significados de gênero e de sexualidade na vida humana e, por consequência, na cultura, nas relações e nos conteúdos escolares. Trata-se de um artefato sempre reinventado e plural, perpassado por identidades múltiplas e cambiantes, com dimensões éticas, étnicas, de gerações, de raça, de sexualidades e de gênero.

As relações de gênero, como um modo de dar significado às relações sociais, são estabelecidas e difundidas pela cultura nas suas mais variadas esferas, entre elas no universo da educação formal. As políticas e práticas educativas reproduzem e refletem, em muitos momentos, as concepções dominantes das relações de gênero. Nesse sentido, "a cultura escolar não pode ser analisada sem o exame preciso das relações conflituosas ou pacíficas que ela mantém, a cada período de sua história, com o conjunto das culturas e das relações de poder que lhe são contemporâneas" (Julia, 1995, p.10).

Introduzir conscientemente as configurações de gênero e sexualidade nas políticas e práticas educativas supõe trabalhar com dimensões contraditórias das relações escolares e da função social da educação. A instituição escolar produz e reproduz as concepções dominantes de sexualidade e de gênero na sociedade e, muitas vezes, segrega aquelas e aqueles que não se coadunam com a masculinidade hegemônica e com formas de feminilidade mais submissas.

Outras vezes a instituição escolar tem formas próprias de exclusão que só acontecem nesses espaços e não em outros lugares. Ela também possui suas especificidades, e há que ter um olho móvel, como diz Antonio Viñao Frago (data), para ver dentro e fora da escola, sua institucionalidade, suas ideias e fatos, a política educacional que a define, bem como a multiplicidade de sujeitos que a constituem.

Em alguns momentos, pena que ainda escassos, as relações escolares produzem possibilidades de resistência, de criar outro jeito de ser menino, garoto, homem, menina, garota, mulher e outras possibilidades de significações das feminilidades e das masculinidades.

Assim, trabalhar com gênero e sexualidade nas políticas e práticas educativas exige a reflexão sobre os símbolos culturalmente disponíveis; sobre as atribuições relativas ao que é ser mulher e homem em nossa sociedade; sobre o difícil processo de socialização de crianças; sobre os conceitos normativos, as regras e normas do campo científico, político, jurídico e educativo; sobre as concepções políticas implantadas e difundidas nas instituições escolares e, principalmente sobre a construção das identidades individuais e coletivas nesse processo, procurando denunciar a pretensão universal e generalizada de um modelo ainda dominante de masculinidade e de feminilidade.

Assim, a cultura escolar – enquanto um conjunto de teorias, princípios, normas e práticas docentes sedimentadas ao longo do tempo – está longe de ser neutra e reflete o modo como as relações sociais de gênero são produzidas e configuradas socialmente. Convivemos com isso todos os dias e muitas vezes sem perceber, mas temos que estar aptos para olhar criticamente esses significados de gênero que nos cercam, e com eles os de raça, geração, etnia e classe social. Porém, quais são as disciplinas que formam professores e professoras para isso?

A grade curricular regular da maioria das instituições de ensino superior destinadas à formação docente não contempla esses aspectos, mas as políticas públicas de educação nos cobram o tratamento crítico das diversidades na escola, enquanto dimensões coletivas e não individualizadas ou meramente subjetivas do processo de construção e ampliação de direitos.

Alguns elementos de definição das práticas docentes encontram-se determinados nas políticas públicas de educação – elas simbolizam e normatizam as práticas educativas, organizam o currículo, tratam das discriminações nos materiais didáticos etc.

Estudo recentemente realizado sobre a presença do gênero nas políticas públicas de educação no Brasil (Vianna, Unbehaun, 2004a, 2004b) dá destaque para duas delas: O Referencial Curricular Nacional para a Educação Infantil e os Parâmetros Curriculares Nacionais (PCN, 1997) para o ensino fundamental.

O Referencial Curricular Nacional para a Educação Infantil (Brasil, RCNEI, 1998) foi publicado e distribuído para as instituições de educação infantil em 1998, com o objetivo de servir como guia para profissionais que atuavam diretamente com crianças de zero a seis anos. Apontava metas de qualidade para garantir o direito à infância e à cidadania.

Quanto ao uso da linguagem na perspectiva de gênero o RCNEI poderia ter inovado um pouco mais, pois reitera em seu texto o uso comum do termo genérico "criança" no lugar das expressões "menina" e "menino", ocultando, nessa forma, as diferenças de gênero entre os sexos. Percebemos isso no texto do volume III e nos subtítulos, por exemplo: *"O movimento para a criança pequena significa muito mais do que mexer partes do corpo e deslocar-se".* (Brasil RCNEI, 1998, vol. III, p.18), *"A criança e o movimento"* (Brasil RCNEI, 1998, vol. III, p.21), *"Crianças de um a três anos"* (Brasil RCNEI, 1998, vol. III, p.22).

Em outros momentos, porém, o RCNEI defende a importância da transmissão de valores de igualdade e respeito entre pessoas de sexos diferentes. Alguns trechos do documento utilizam propositalmente meninos e meninas ao invés de crianças. Isso acontece quando o documento desenvolve os pressupostos do volume II: a expressão da sexualidade e a identidade de gênero. Ao discutir a configuração desses dois processos esse volume ressalta que a construção da identidade de gênero e da própria sexualidade extrapola a mera configuração biológica dos seres humanos. Defende que as crianças brinquem com as possibilidades relacionadas tanto aos papéis masculinos quanto aos femininos, para além da reprodução de padrões estereotipados de gênero e de sexualidade. Esse cuidado também aparece no volume III, ao ressaltar o papel de educadores e educadoras na desconstrução dos significados de gênero nas brincadeiras infantis, quase sempre carregadas de sentidos para o que é ser menina e o que é ser menino:

> O espelho continua a se fazer necessário para a construção e afirmação da imagem corporal em brincadeiras nas quais **meninos e meninas**

> **poderão se fantasiar, assumir papéis**, se olharem (Brasil, RCNEI, 1998, vol. III, p. 32, grifos nossos).
>
> É importante possibilitar diferentes movimentos que aparecem em atividades como lutar, dançar, subir e descer de árvores ou obstáculos, jogar bola, rodar bambolê, etc. essas experiências devem ser oferecidas sempre com o **cuidado de evitar enquadrar as crianças em modelos de comportamentos estereotipados, associados ao gênero masculino e feminino**, como, por exemplo, não deixar que as meninas joguem futebol ou que os meninos rodem o bambolê (Brasil, RCNEI, 1998, vol. III, p. 3, grifos nossos).

Além disso, o Referencial destaca o papel de educadoras e educadores na desconstrução dos significados de gênero nas relações infantis, aspectos das políticas mais recentes voltadas para a formação profissional da educação infantil. A concepção de que as mulheres são, por natureza, capazes de cuidar e educar crianças pequenas reforçou os baixos investimentos públicos ou até mesmo a ausência de políticas amplas de formação docente inicial e em serviço. Serviu como álibi para o reforço da educação infantil como *lócus* de trabalho feminino voluntário ou mal remunerado (Rosemberg, 2002). A aprovação da LDB, em 1996, define a Educação Infantil como primeira etapa da educação básica, prevê o curso normal superior "como formação mínima para o exercício do magistério" na área e colabora com o incremento da formação de educadoras, até então prioritariamente composta por maioria leiga, sem o menor preparo para o exercício da profissão. Mas ainda assim é forte a necessidade de organização de espaços voltados para as especificidades da identidade da profissional e escassa a presença masculina entre os profissionais de Educação Infantil.

No Brasil, estudos sobre o caráter de gênero da atuação masculina em creches e pré-escolas são episódicos. A entrada nesse campo de trabalho exige a mobilização de conhecimentos vinculados à produção e à reprodução da vida e relacionados em nossa sociedade com a condição feminina, mesmo quando exercido por homens (Saparoli, 1997, Pro-posições, 2003). Além disso, a presença masculina como referência para a construção da identidade de gênero na educação infantil envolve profissionais, crianças e famílias, bem como a redefinição da função das instituições de educação infantil de forma a superar os modelos rígidos de separação entre família e escola (Cerisara, 1996). As práticas desenvolvidas nessas duas instituições são muito semelhantes, mas no Brasil existe uma imprecisão da responsabilidade da esfera privada e na esfera pública quanto ao cuidado e à educação da criança pequena (Carvalho e Vianna, 1994). Do ponto de vista das relações de gênero, está presente uma crítica à socialização estereotipada para meninos e meninas na primeira infância, comum nos espaços institucionalizados de educação e de cuidado infantil, como as creches e as pré-escolas. Há muita dificuldade, por exemplo, em perceber a educação sexual como parte do trabalho a ser desenvolvido por creches e pré-escolas. Profissionais da área, em geral, não sabem lidar com situações que contradizem comportamentos previamente estabelecidos para meninas e meninos, como por exemplo, um menino gostar de brincar com bonecas ou panelinhas. Observa-se que a criança figura como objeto para representações de gênero que os adultos – responsáveis por sua educação – sustentam (Cruz, 1998).

Assim, apesar de ora ressaltar a neutralidade e ora mostrar sensibilidade quanto às diferenças entre os sexos, o Referencial indica um importante avanço em uma política pública para a educação infantil. Ao chamar a atenção para o caráter social do gênero e da sexualidade, problematiza o determinismo biológico, estimulando o educador a perceber que as percepções de ser menino ou menina são construídas nas interações sociais estabelecidas desde os primeiros anos de vida e destaca que, antes mesmo de a criança nascer, a família já traça o futuro daquela pessoa, atribuindo valores ao que deve ser uma mulher e um homem em nossa sociedade.

Quanto aos Parâmetros Curriculares Nacionais (PCN), foram elaborados entre 1995 e 1997, tiveram por objetivo nortear os currículos do ensino fundamental e médio em todo o território nacional, representando um importante passo na inclusão da perspectiva de gênero na educação. No estudo já mencionado (Vianna, Unbehaum,

2004a, 2004b), privilegiaram-se a análise dos volumes dedicados ao ensino fundamental, particularmente aqueles definidos como Temas Transversais.

Os PCN deveriam apoiar a elaboração ou a revisão curricular dos estados e municípios, contextualizando-a em cada realidade social. Nesse sentido, a proposta curricular das instituições escolares envolvidas deveria contar com a participação de toda a equipe pedagógica a fim de garantir o diálogo entre tais parâmetros e as práticas já existentes nas instituições. Para isso, os PCN foram divididos em dois grandes conjuntos. Um destinado aos primeiros quatro anos do ensino fundamental e outro que contempla de 5ª à 8ª série do ensino fundamental. Em ambos os conjuntos há volumes destinados às áreas específicas e aos temas transversais como ética, pluralidade cultural, meio ambiente, sexualidade e saúde. No caso dos PCN voltados de 5ª à 8ª séries do ensino fundamental, foram acrescidos os temas de saúde, trabalho e consumo. Como esses temas transversais atravessam os diferentes campos do conhecimento, a proposta foi de integrá-los às distintas áreas curriculares. Um dos critérios usados para a escolha desses temas foi a urgência social em se discutir assuntos correlacionados na escola, como a prevenção de DST e Aids, a gravidez em idades consideradas precoces, a preservação do meio ambiente, a violência urbana e juvenil entre vários. Outro critério foi a abrangência social de tais assuntos e a possibilidade dessa discussão, no ensino fundamental de 1ª a 4ª séries e/ou de 5ª a 8ª séries, favorecer a compreensão da realidade e da participação social de cada um na sociedade.

Os PCN para o ensino fundamental trazem como eixo central da educação escolar o exercício da cidadania. Isso pode ser constatado em vários dos objetivos gerais do ensino fundamental expostos no início de todos os volumes dos parâmetros:

> Compreender a cidadania como participação social e política, assim como exercício de direitos e deveres políticos, civis e sociais (...); posicionar-se de maneira crítica, responsável e construtiva nas diferentes situações sociais, (...); conhecer características fundamentais do Brasil

> nas dimensões sociais, materiais e culturais como meio para construir a noção de identidade nacional e pessoal (...); conhecer e valorizar a pluralidade do patrimônio sociocultural brasileiro, bem como de outros povos e nações, posicionando-se contra qualquer discriminação baseada em diferenças culturais, de classe social, de crença, de sexo, de etnia ou outras características individuais e sociais; perceber-se integrante, de pendente e agente transformador do ambiente (...); conhecer e cuidar do próprio corpo, valorizando e adotando hábitos saudáveis (...) e agindo com responsabilidade em relação à sua saúde e à saúde coletiva; (...) questionar a realidade formulando-se problemas e tratando de resolvê-los, utilizando para isso o pensamento lógico, a criatividade, a intuição, a capacidade de análise crítica, selecionando procedimentos e verificando sua adequação.

Mas é no tópico de Orientação Sexual que o gênero ganha grande relevo. Como objetivo assumido, busca-se "combater relações autoritárias, questionar a rigidez dos padrões de conduta estabelecidos para homens e mulheres e apontar para sua transformação", incentivando, nas relações escolares, a "diversidade de comportamento de homens e mulheres", a "relatividade das concepções tradicionalmente associadas ao masculino e ao feminino", o "respeito pelo outro sexo" e pelas "variadas expressões do feminino e do masculino" (Brasil, 1997, v.10, pp. 144-6).

Três eixos fundamentais são propostos para nortear a intervenção do professor:

> 1) Corpo Humano; 2) Relações de Gênero e 3) Prevenção às Doenças Sexualmente Transmissíveis/AIDS (Brasil, PCN, 1997).

No eixo sobre o corpo humano destaca-se a diferença entre organismo – biológico e físico – e o corpo – socialmente construído e subjetivo. A sexualidade é apontada como uma construção marcada pela história, cultura, ciência, assim como pelos afetos e sentimentos, expressando-se então com singularidade em cada sujeito.

Nesse sentido, a sexualidade é destacada como um tema que deve ser abordado pela educação, desde o ensino fundamental. A mesma concepção é dada ao eixo Relações de Gênero, ao referir-se ao papel da escola como sendo o de propiciar *o questionamento de papéis rigidamente estabelecidos a homens e mulheres na sociedade, a valorização de cada um e a flexibilização desses papéis* (Brasil, PCN, 1997, 1ª a 4ª séries, v.8, p.35). Os textos nos dois conjuntos ressaltam que a criança traz esses valores e significados para a escola, mas que essa instituição é também um lugar que propicia o questionamento das desigualdades de gênero.

Ainda no volume destinado à Orientação Sexual de 1ª a 4ª séries encontramos, por exemplo, uma menção à articulação entre a pluralidade cultural e as questões de gênero, que *trazem em seu bojo histórias de injustiça para com as mulheres, nas mais diversas dimensões da vida, do cotidiano na vida privada a situações profissionais.* O texto nos alerta que *práticas sedimentadas social e culturalmente fazem com que se deixe ao largo, com frequência, novas possibilidades que se abrem para os homens, em termos de comportamentos mais responsáveis e participativos em relação às mulheres e aos seus filhos* (Brasil, PCN, 1997, 1ª a 4ª séries, v.10, p.25). O texto lembra ainda *que a maior parte do magistério é constituída por professoras, que precisam voltar-se para suas próprias mentalidades e práticas, como mulheres, como cidadãs, como educadoras, exigindo respeito para si e para aqueles com quem trabalham* (Brasil, PCN, 1997, 1ª a 4ª séries, v.10, p.26).

No eixo Doenças Sexualmente Transmissíveis, DST/AIDS, os dois conjuntos de volumes mostram claramente que não se deve focar apenas no âmbito de cuidados e higiene, mas ater-se também para as concepções envolvidas nas atitudes de cada um em relação ao outro, para os medos e angústias de cada aluno e aluna quanto ao tema, ouvindo o que cada um pensa sobre isso. Um dos principais objetivos sugeridos pelos PCN em relação à orientação sexual é o tema do auto cuidado na vivência da sexualidade e a interiorização da mensagem de prevenção (Altmann, 2001). A sexualidade nos PCN é entendida como "*necessidade básica*", "*impulsos de desejos vividos no corpo*" sobre os quais os adolescentes necessitam informação.

Nos PCN que enfocam de 5ª a 8ª séries, a abordagem sobre Orientação Sexual é ampliada por considerar que, a partir da puberdade, os alunos trazem questões mais polêmicas. Eles têm mais necessidade de informação e, ao mesmo tempo, melhores condições de refletir sobre temáticas como aborto, virgindade, homossexualidade, pornografia, prostituição e outras. Se antes alunas e alunos recebiam mensagens sobre os valores associados à sexualidade, agora vão questionar e configurar mais claramente seus próprios valores. As expressões da sexualidade são reconhecidas pelos PCN como aspectos centrais na vida dos adolescentes, a discussão volta-se mais especificamente para questões de orientação, vida sexual e gravidez.

Os PCN inovaram ao introduzir a perspectiva de gênero como uma dimensão importante da constituição da identidade de crianças e de jovens e de organização das relações sociais. A compreensão das relações de gênero e de como elas se constroem e se estabelecem em nossa sociedade é apresentada como fundamental para qualquer proposta de organização curricular. Há cuidado em definir o conceito de gênero e apontar as implicações desta questão nas relações e conteúdos escolares. A forma como encaminham a orientação do trabalho docente atende à demanda do movimento de mulheres: o combate ao sexismo.

Ainda que os PCN avancem na introdução de temas centrais sobre a sexualidade, a abordagem privilegiada nem sempre foi expressão de um consenso, mas refletiu a complexidade de assuntos ainda cercados de tabus.

Referindo-se ao tratamento dos aspectos de gênero e suas consequências para o currículo escolar, incomoda o fato de o conteúdo estar restrito ao tópico Orientação Sexual. As questões relativas ao gênero deveriam perpassar não só pela discussão sobre sexualidade, corpo e prevenção, mas pelos demais temas transversais. Desse modo, chama atenção a divisão da temática relativa à Orientação Sexual nos três blocos anteriormente mencionados. Causa estranheza a separação proposta, por exemplo, entre os temas saúde e prevenção às doenças sexualmente transmissíveis. Se tais preocupações com a prevenção de doenças sexualmente transmissíveis (especialmente a AIDS), com o abuso sexual e com a gravidez na adolescência são absolutamente legítimas, elas não podem (nem devem) estar desvinculadas das questões de gênero que, necessariamente, as perpassam. Ao associar a sexualidade fundamentalmente com a saúde favorece-se, mesmo não desejando, uma abordagem restrita à prevenção e à doença. Ou seja, a sexualidade acaba adquirindo o traço de um problema circunscrito ao corpo, à saúde pública e separado das relações de gênero. O tema é conceitualmente definido na introdução e no tópico de Orientação Sexual (Brasil, PCN, 1997, 1ª a 4ª séries, v.10, II Parte, pp. 144-6), aparecendo mencionado em várias páginas.

Além disso, os PCN para o Ensino Fundamental, porém, não estão impregnados de uma perspectiva de gênero, a qual deveria perpassar por todas as áreas do conhecimento e não estar atrelada estritamente à Orientação Sexual.

A sexualidade é um tema cercado de tabus, valores culturais e morais, e de difícil abordagem para a maioria de professoras e professores. É preciso orientá-los para uma utilização de conteúdos de gênero que considerem os padrões de conduta estabelecidos culturalmente. A incorporação das relações de gênero permite levar para o interior dos temas escolares a referência às diversas formas de expressão da sexualidade, para além da heterossexualidade.

Embora os PCN se constituam em um importante instrumento de referência para a formação e a atuação dos professores em sala de aula, estudos vêm demonstrando que poucas escolas os incorporaram na prática. Dentre os motivos apontados está o distanciamento entre a orientação proposta e o contexto escolar existente.

Por fim, gostaríamos de salientar alguns aspectos sobre o papel dos livros didáticos na perpetuação e/ou superação de certos preconceitos, discriminações e estereótipos de gênero. O livro didático ainda é um importante recurso pedagógico utilizado em salas de aula. Por isso, tornou-se um dos principais meios de implementação das orientações dos PCN.

Em rigorosa análise sobre as relações de gênero e etnia nos livros didáticos Celso de Rui Beisiegel (2001) nos lembra que a existência de políticas de avaliação do livro didático no Brasil não é recente, tem origem em 1938. Foram vários os órgãos e comissões envolvidos no processo de avaliação dos livros didáticos desde então e, em 1996 foi instituído o Programa Nacional para o Livro Didático — PNLD (Brasil, PNLD, 1998).

O objetivo foi o de suprir as escolas públicas de ensino fundamental com livros didáticos gratuitos e de qualidade para as disciplinas de Língua Portuguesa/Alfabetização, Matemática, Ciências, Estudos Sociais ou História e Geografia, incluindo-se a distribuição de dicionários de língua portuguesa, aos estudantes das escolas públicas brasileiras cadastradas no Censo Escolar. O Programa Nacional do Livro Didático prioriza não apenas a aquisição, mas a seleção e avaliação pedagógica dos livros a serem distribuídos no país. Cabe às secretarias estaduais e municipais de educação, unidades escolares e comunidade em geral, o papel de fiscalizadoras.

Professoras e professores escolhem os livros a serem adotados nas escolas com base numa seleção prévia, realizada por equipes de avaliação contratadas pela Secretaria de Educação Fundamental (SEF), responsável pelo PNLD. Entre os critérios de avaliação, Celso Beisiegel nos conta que está o veto a qualquer forma de preconceito:

> Em respeito à Constituição do Brasil e para contribuir efetivamente para a construção da ética necessária ao convívio social e à cidadania, o livro didático não poderá: veicular preconceitos de origem, cor, condição econômico-social, etnia, gênero e qualquer outra forma de discriminação; fazer doutrinação religiosa, desrespeitando o caráter leigo do ensino público (MEC, SEF, apud, Beisiegel, 2001, p. 41)

Consideramos altamente positiva tal referência em um documento nacional, posto que estudos identificam posturas conservadoras ou tradicionais de professoras e professores da rede pública de ensino na escolha dos livros didáticos.

A alteração dos termos do diálogo dos editores com os autores foi uma das principais características desse processo:

> Nessa relação, hoje, há maior cuidado com as ilustrações, com as situações que envolvem discriminações, preconceitos e estereótipos, com a correção e a atualidade dos conteúdos e com os procedimentos metodológicos adotados. Algumas editoras distribuem a seus autores toda a documentação produzida no ministério: Parâmetros Curriculares Nacionais, editais, documentos sobre os temas transversais. Outras promovem reuniões de seus autores com professores especialistas da universidade (Beisiegel, 2001, p. 43).

Contudo, a referência não garantiu a erradicação de preconceitos e discriminações mais sutis, presentes em estereótipos contidos nos textos e nas imagens sexistas veiculadas ainda hoje pelos livros didáticos:

Excetuando-se alguns cuidados especiais com as ilustrações, atentava-se, sobretudo, para a manifestação explícita do comportamento indesejável. Não foram consideradas as perspectivas construídas após meados da década de 1970 pela pesquisa especializada. Constitui-se aqui um campo favorável à radicalização das reivindicações (Beisiegel, 2001, p. 57).

Outro aspecto importante na análise dessas políticas consiste na eficácia de sua implantação. Pouco se sabe sobre a efetividade do RCNEI, dos PCNs e do PNLD em sala de aula, particularmente com relação aos temas transversais. Não há estudos de avaliação de mudanças na prática pedagógica a partir dessas políticas.

Contudo, podemos afirmar que os modos de pensar e agir, de difundir e criticar a cultura acadêmica, de veicular ou excluir culturas juvenis, de se relacionar com distintos modos de organização familiar, doméstica e de cuidado infantil, de organizar a classe, de militar nas organizações docentes, de se integrar no cotidiano escolar refletem culturas e práticas institucionalizadas, muitas vezes pouco acolhedoras das múltiplas temporalidades e significações das dimensões humanas. É comum ver a dificuldade que as culturas, da escola e do magistério, possuem para lidar com a variação cultural presente em nossa sociedade.

Ao observar o uso dos tempos em uma escola municipal da cidade de São Paulo, Edna de Oliveira Telles (2005) nos mostra o quanto ainda se deve caminhar para romper com um modo excludente de gerenciar as relações de gênero na escola e para interferir pedagogicamente na construção e veiculação dos significados de masculinidades e feminilidades nas relações escolares. A autora revela cenas que denunciam o predomínio da discriminação de gênero em sala de aula:

> Ao final de um texto cujo assunto era valores como bondade, etc., a professora falou sobre comportamento e respeito, citando o texto. E deu o exemplo de uma aluna, dizendo que ela é boazinha, calma e boa para a professora. Um aluno disse: Também, ela é muda! (Telles, 2005, p. 114).

Em nossa sociedade, essas características reforçam uma única forma de ser menina e que silencia outras feminilidades possíveis dentre e fora da escola, como é o caso de outra cena registrada por Telles (2005, p. 127):

> A professora estava passando um texto sobre o Segundo Império no Brasil. O Bruno estava mexendo com a Jéssica, passando a mão em seu cabelo e a chamando de carrapato, entre outras coisas. Ela chamou a professora, reclamou e a mesma disse: "Você está dando confiança!" Jéssica: "Não estou, professora, ele está me provocando! Professora: "Você dá motivo! Vou chamar a sua mãe para falar sobre seu comportamento com os meninos!".

Que tipo de relações de gênero as crianças dessa sala estão vivenciando? A professora, que na instituição escolar detém o conhecimento, reforça os estereótipos que podem justificar, no limite, o assédio e a violência sexual. Dessa forma a escola e as práticas docentes nela inseridas acabam por reproduzir a estrutura de poder e dominação presentes em nossa sociedade.

Mas não podemos esquecer que esse é um campo em tensão, as possibilidades de produção, reprodução e resistência à discriminação de gênero interagem de maneira complexa e nos colocam muitos desafios: como analisar com alunos e alunas estes significados de gênero ainda dominantes e excludentes? Como criar modelos mais plurais ou incentivar famílias que já veiculam formas mais plurais de definir e acolher meninos e meninas? Essa é uma tarefa urgente, mas como disse Guimarães Rosa: "Urgente, mas sem pressa", porque implica a desconstrução de identidades, as mais arraigadas, as mais cristalizadas. Se nós não trabalharmos com isso, não vamos conseguir trabalhar com as nossas classes, nem com os nossos colegas, em nossas instituições escolares.

Referências Bibliográficas

ALTMANN, Helena (2001). **Orientação sexual nos Parâmetros Curriculares Nacionais**. *Revista Estudos Feministas,* vol. 9, n. 2, pp. 575-585.

BRASIL (1997). **Parâmetros curriculares nacionais: ensino fundamental**. Brasília: Secretaria de Educação Fundamental, Ministério da Educação e do Desporto, 1997. Disponível em: <www.mec.gov.br/sef/sef/pcn.shtm>.

BRASIL (1998). **Referencial Curricular Nacional para a Educação Infantil**. Brasília: Secretaria de Educação Fundamental, Ministério da Educação e do Desporto.

BEISIEGEL, Celso (2001). Educação e valores democráticos. *In*: Moisés, José *et al.* (org.), **Cultura e democracia.** Vol. 2. Rio de Janeiro: Fundo Nacional de Cultura.

CARVALHO, Marília, VIANNA, Cláudia (1994). Educadoras e mães de alunos: um (des) encontro. *In*: Bruschini, Cristina, Sorj, Bila (org.). **Novos olhares: mulheres e relações de gênero no Brasil**. São Paulo: Marco Zero/FCC.

CERISARA, Ana Beatriz (1996). **A construção da identidade das professoras de Educação Infantil: entre o feminino e o profissional**. São Paulo: USP, (Tese de Doutorado).

CRUZ, Elizabete Franco (1998). "Quem leva o nenê e a bolsa?" o masculino na creche. *In*: Arilha, Margareth; Ridenti, Sandra Unbehaum; Medrado, Benedito (org.). **Homens e masculinidades**: *outras palavras*. São Paulo: ECOS/Editorial 34.

JULIA, Dominique. (1995). **A cultura escolar como objeto histórico**. *Revista Brasileira de História da Educação*. São Paulo, n.1, jan./jun., 2001.

OMS, Organização Mundial da Saúde (2002).

PRO-POSIÇÕES *Dossiê* (2003). **Educação infantil e gênero**. Set./dez.

ROSEMBERG, Fúlvia (2002). **Organizações multilaterais, Estado e políticas de educação infantil**. *Cadernos de Pesquisa*, São Paulo: Fundação Carlos Chagas/Autores Associados, n.115.

SAPAROLI, Eliana (1997). **Educador Infantil? uma ocupação de gênero feminino**. São Paulo: PUC-SP (Dissertação de Mestrado).

TELLES, Edna de Oliveira (2005). **O verso e o reverso das relações escolares**: um olhar de gênero sobre o uso dos tempos em uma escola municipal da cidade de São Paulo. São Paulo: FEUSP (Dissertação de Mestrado).

VIANNA, Cláudia, UNBEHAUM, Sandra; Araújo, Valéria (2003). **Gender Invisibility in Brazilian Educational Legislation**. *Taboo: The Journal of Culture and Education*, v. 6, number 2, fall-winter. pp. 85-95.

VIANNA, Cláudia; UNBEHAUM, Sandra (2004a). **O Gênero nas Políticas Públicas de Educação**. *Cadernos de Pesquisa*. São Paulo: Fundação Carlos Chagas/ Autores Associados, v. 34, n. 121, pp. 77-104.

VIANNA, Cláudia, UNBEHAUM, Sandra. (2004b) Gênero e políticas educacionais: impasses e desafios para a legislação brasileira *In*: *Gênero e educação: educar para a igualdade*. São Paulo: CEM/ SME/SP, pp. 19-48.

VERÍSSIMO, Luís Fernando (2001). **Comédias para se ler na escola**. Rio de Janeiro: Objetiva.

VIÑAO FRAGO, Antonio. (1998) Por una historia de la cultura escolar: enfoques, questiones, fuentes. In: Fernández, Celso Almuña et. Al. (org.) **Culturas y civilizaciones** — *III Congreso de la asociación de historia contemporánea*. Valladolid, ed. III, Título IV Serie.